기독연구원 느헤미야 : 하나님나라의 구현과 한국 기독교의 재구성

1. 하나님의 온 백성을 위한 교육
신학교육은 모든 성도들에게 제공되어야 합니다.
신학적 소양을 구비한 성도들이 하나님나라 구현과 한국 기독교의 재구성의 주체가 될 것입니다.

2. 세상과 소통하는 연구
세상을 사는 성도들을 위한 신학연구가 필요합니다.
정치와 경제, 사회와 역사, 문화와 예술, 과학과 기술을 다루는 다양한 학문과 겸손히 그리고 적극적으로 소통해야 합니다.

3. 교회와 사회를 변화시키는 실천
신학교육과 연구는 교회와 사회를 변화시키는 실천으로 완성되어집니다.

하나님나라, 한국교회, 느헤미야

기독연구원 느헤미야 10년의 기록: 2010-2020

배덕만

느헤미야

기독연구원 느헤미야 10년의 기록

하나님나라, 한국교회, 느헤미야

지은이	배 덕 만
초판발행	2021년 10월 30일
펴낸이	김형원
책임편집	배용하
등록	제 2019-000002호
펴낸곳	느헤미야
등록한곳	충청남도 논산시 가야곡면 매죽헌로1176번길 8-54
편집부	전화 041-742-1424
영업부	전화 041-742-1424 · 전송 0303-0959-1424
ISBN	979-11-969079-4-5 03230
분류	기독교	교회사	신학

값 10,000원

하나님나라와 한국교회가 바로설 수 있게
함께 공부하고 실천해 온
기독연구원 느헤미야의 모든 지체들에게
함께 걸어온 여정이 담긴
이 책을 헌정합니다.

차 례

하나님나라
한국교회
느헤미야

서론

1.

하나님나라의 구현과 한국 기독교의 재구성. 기독연구원 느헤미야가 2010년 이 땅에 탄생하며 가슴에 품었던 꿈이다. 그야말로 꿈이었다. 아직 현실이 아니었기에 꿈이었다. 실현가능성이 희박했기에 꿈이었다. 동시에, 결코 포기할 수 없었기에 꿈이었다. 지난 세월, 이 꿈 때문에 절망적인 현실을 견딜 수 있었다. 절망과 희망의 롤러코스터에 몸을 싣고, 때로는 종횡무진, 때로는 좌충우돌하며 달려온 시간이 어느덧 10년이다. 그럼에도, 느헤미야는 여전히 같은 꿈을 꾸고 있다. 그리고 두 번째 10년을 시작하며, 다시 한번 같은 롤러코스터에 오른다.

2009년 성서한국 전국대회에서 만난 일군의 신학자들과 기독활동가들이 대안신학교육기관의 필요성을 토로하면서 기독연구원 느헤미야의 출산을 준비했다. 그때 나눈 지극히 소박하면서 동시에 황당했던 꿈이 2010년 2월 20일, 기독연구원 느헤미야의 공식 탄생으로 현실이 되었다. 도대체 무슨 생각으로 그토록 무모한 일을 벌였을까? 도대체 어쩌자고 그 엄청난 일을 저지르고 말았을까! 경건하게 말하면, 하나님에 대한 믿음이 돈독하고 한국교회에 대한 애정이 깊었기 때문일 것이다. 현실적으로 말하면, 아직 젊고 철이 없었기 때문인지도 모른다. 정직하게 말하면, 뜨거운 가슴과 열정이 살아 있었기 때문이리라. 하지만 이

제 돌이켜보니, 때가 무르익어, 주께서 같은 마음, 같은 가치, 같은 말씀을 지닌 사람들을 그때 그곳에 모으셨기 때문임에 틀림없다. 이렇게 고백할 수밖에 없다. 달리 설명할 길이 없다. 그래서 느헤미야의 시작은 신비이고, 모든 것이 은혜였다. 그렇다면, 느헤미야의 지난 10년은 '역사'歷史 대신, '신화'神話로 서술되어야 할지 모르겠다.

느헤미야를 설립하면서 함께 시작한 사람들이 꿈을 꾸었고, 같은 꿈을 공유한 사람들이 동참했다. 그렇다고 나름의 로드맵이나 지침서manuel가 없었던 것은 아니다. 하나님나라의 관점에서 평신도를 교육하고 목회자를 돕고 싶었다. 그래서 다양한 대상을 위해 꾸준히 새로운 과정을 개발하고 실험했다. 서울과 지방, 낮과 밤, 교단과 신학을 구분하지 않고 6명의 교수들이 쉴 새 없이 뛰어다니며 강의와 강연을 반복했다. 온갖 주제에 대해 토론하고 수많은 글을 썼다. 우리의 생각과 뜻을 전할 수만 있다면, 장르와 영역도 가리지 않고 참여했다. 방송, 신문, 잡지, 팟캐스트, 유튜브 등 주어진 모든 도구와 기회를 활용했다. 심지어 거리에서 피켓도 들었고, 광장에서 다른 이들과 함께 구호와 함성도 외쳤다. 그리고 수없이 많은 날들을 함께 모여 한밤중까지 회의를 거듭했다. 주기적으로 예배하고 여행하고 밥을 먹었다. 서로의 경조사에 예외 없이 함께 했다. 그렇게 우리는 동지로 출발해서 벗이 되고 마침내 가족이 되었다.

돌이켜 보니, 그 사이에 느헤미야 안팎에서 참으로 많은 일들이 있었다. 느헤미야 이름으로 적지 않은 실험과 도전을 감행했다. 기대와 예상을 넘어선 경이로운 열매도 풍성했다. 그래서 감사와 감탄이 절로 나왔다. 동시에, 부푼 희망과 기대 속에 시도했지만, 참담한 결과를 초래한 경우도 적지 않았다. 아무리 노력해도 소용없던 일들이 있었다. 그래서 탄식과 한숨이 반복되기도 했다. 한편, 새롭게 만나 소중한 인연을 쌓아온 동지들이 무수히 많았다. 고맙고 감사한 분들이다. 하지만 공식적으로 결별했던, 혹은 어느새 곁에서 사라진 얼굴도 적지 않았다. 아쉽고 안타까운 인연들이다. 지난 세월, 한결같이 느헤미야를 지지하고 응원하는 손길들이 꾸준히 증가했다. 그래서 느헤미야의 역사가 지속될 수 있었다. 반면, 느헤미야에 대한 적대적인 비판과 맹목적인 공격도 함께 증가한 것이 사실이다. 그래서 끊임없는 자기 성찰과 불굴의 자기 확신이 필요했다. 그래야 이 여정을 바르고 당당하게 지속할 수 있었기 때문이다. 앞으로도 마찬가지다.

2

이 책은 본래 〈2020년 느헤미야 개원 10주년 기념행사〉를 위해 기획했던 것이다. 하지만 예기치 못했던 코로나바이러스-19의 창궐로 행사가 계속 연기되면서, 책의 완성도 더불어 지체되고 말았다. 사실, 100년이 넘은 신학교들이 즐비한 이 땅에서 10년은 어디서 명함도 내밀 수 없는 촌음寸陰에 불과하다. 또한, 아직까지 구체적인 성과나 내놓을 만한 열매도 별로 없다. 그래서 이 시점에 〈10년사〉를 쓰는 것이 어떤 공신력이나 객관적인 평가도 결여된, 자화자찬의 민망한 노릇일지도 모르겠다. 그럼에도, 이 글을 써야 했다. 아니, 이 글이 필요했다. 어느덧 창립 동지들이 은퇴하기 시작했고, 남은 사람들도 더이상 참신한 소장학자들이 아니기 때문이다. 또한 지난 10년 간 한국사회와 교회가 급변했기 때문이다. 느헤미야 안팎이 달라진 상황에서 새로운 10년을 향해 다시 신발 끈을 묶어야 하기 때문이다. 그러기 위해서는 우리가 지나온 시간을 돌아보고, 우리가 걸어온 자취들을 확인하는 작업이 제일 먼저 필요했다. 그 자리가 바로 새로운 10년을 시작하는 진정한 출발선이 되지 않을까?

이런 필요와 문제의식 하에, 이 책은 총 12장으로 구성되었다. 제1장은 기독연구원 느헤미야의 탄생을 가능케 한 배경을 살펴보았다. 느헤미야 탄생에 이르기까지 20세기 전후의 한국사회와 교회의 주요사건, 느헤미야에게 영향을 끼친 주된 신학적 흐름, 그리고 느헤미야의 탄생에 직접적인 원인이 되는 여러 기관과 사건을 차례로 소개했다. 제2장은 느헤미야의 창립 과정을 상세히 서술했다. 창립을 위한 준비모임, 신학캠프, 학생모집, 창립총회 등을 하나씩 살펴본 것이다. 제3장은 느헤미야 설립과 이후의 역사를 이끌어온 연구위원교수들을 소개했다. 그들의 출생과 성장, 신앙과 교육, 그리고 느헤미야와의 인연 및 현재의 학문적 관심 등을 간략히 기록했다. 제4장은 지난 10년간 느헤미야에서 발생한 여러 변화들을 다루었다. 공간, 재정, 후원, 인력, 도서관, 법적 신분 등에 나타난 변화를 정리했다. 제5장은 느헤미야가 개설한 여러 과정들을 소개했다. 평신도교육을 위해 시작한 기독교학 입문·심화과정, 목회자들의 연장교육 성격의 여러 과정들, 그리고 목회자 양성 및 전문적 신학교육을 지향한 신학연구과정의 역사와 강의내용을 검토했다. 제6장은 정규수업 외에, 느헤미야가 주관하고 연구위원들이 주축이 되어 진행한 수많은 공개강연을 몇 가지 항목, 즉 캠프, 특강, 포럼, 컨퍼런스, 콜로키움 등으로 세분하여 소개했다. 그리고 교수들이 출판한 저서들도 특징별로 구분하여 정리했다.

　　제7장은 연구위원들이 출연한 방송, 직접 제작한 팟캐스트, 그외 느헤미야 소식을 전한 언론 등을 살펴보았다. 제8장은 느헤미야의 이름으로 참여했던 여러 사회활동과 깊이 관여했던 연대활동을 소개했다. 이것이 바로 느헤미야가 다른 신학교육 기관들과 구분되는, 느헤미야의 특징이 가장 분명하게 드러나는 부분일 것이다. 제9장은 느헤미야 운영의 중심축인 '연구위원회교수회'를 다루었다. 느헤미야에서 연구위원회가 지닌 지위와 책임, 한계와 과제를 분석했고, 정기운영위원회, 퇴수회, 해외여행을 정리했다. 제9장은 교수들과 함께 느헤미야의 핵심적 구성원인 학생들의 여러 활동을 소개했다. 이 장에서, 학생들이 주관

한 다양한 친목활동, 학술제, 동문모임, 동아리, 연대활동 등의 기록을 확인할 수 있다. 제11장은 느헤미야가 직면했던 몇 가지 시련을 소개했다. 재정적 위기, 연구위원 개인의 어려움, 예장 합동 총회 사건에 대한 기억을 이곳에 모았다. 끝으로, 제12장은 느헤미야의 특징을 정리했고, 장차 해결해야 할 과제도 제시했다. 새로운 10년이 동어반복이나 쇠락이 아닌, 끝없는 도전과 성숙의 과정이 되기 위해 함께 풀어야 할 숙제다. 이 책을 쓴 궁극적 목적이기도 하다.

3

지난 10년을 확인하고 정리하기 위해서 「연구위원회의록」과 「총회자료집」을 면밀히 검토했다. 또한, 느헤미야에 대한 대부분의 신문기사들을 검색하여 확인했다. 그래도 불분명한 부분은 관련자들과 직접 통화하거나 그들이 작성하여 보내준 자료들을 참조했다. 덕분에, 느헤미야의 지난 10년을 엉성하게나마 정리할 수 있었다. 무례한 요청에 성심껏 응답하고 도와주신 모든 분들께 진심으로 감사드린다. 무엇보다, 부족한 원고를 끝까지 읽고 정성껏 교정해준 김동춘 교수, 고상환 처장, 그리고 아내 조숙경에게 깊이 감사드린다. 그들의 수고 덕분에 수많은 오류를 교정할 수 있었다.

이제 작업을 마무리하면서 지난 시간을 돌아본다. 모든 것이 주님의 은혜였고, 너무 많은 분들에게 갚을 길 없는 사랑의 빚을 졌다. 진심으로, 일일이 기억하고 감사를 표해야 할 분들이 수없이 많다. 무엇보다, 지난 10년 함께 수고한 느헤미야 연구위원들께 감사와 사랑의 마음을 전한다. 모두들, 정말 수고 많으셨다. 당신들이 바로 느헤미야의 역사 그 자체다. 동시에, 보이지 않는 자리에서 연구위원과 학생을 도우며 일당백의 역할을 수행했던 사무처 간사와 팀장, 처장에게 무한한 신뢰와 감사의 박수를 보낸다. 당신들의 수고 덕분에, 오늘날까지 느헤미야의 역사가 지속될 수 있었다. 뿐만 아니라, 느헤미야에서 공부한 여러 과정의 수많은 학생들에게 머리 숙여 감사드린다. 지극히 부실하고 불안한 환경에서 끝까지 교수들을 신뢰하고 지지하며 인고의 세월을 함께한 여러분들 때문에, 느헤미야와 한국교회에 희망의 불꽃은 결코 쉽게 꺼지지 않을 것이다.

무엇보다, 느헤미야가 존재할 수 있는 근원적인 동력은 배후에서 흔들림 없이 기도와 물질, 지지와 협력, 신뢰와 연대를 공급해준 이사회, 교회협의회, 그리고 수많은 후원자들이다. 머리카락으로 짚신을 삼아도 성이 차지 않을 만큼, 고맙고 감사하다. 그분들에게 받은 사랑, 계속 만들어갈 느헤미야의 역사로 보답하겠다. 개인적으로, 변함없는 사랑으로 응원해주는 나의 가족과 백향나무 교우들에게 무한한 감사를 드린다. 당신들은 내가 계속 이 길을 가야 할 이유와 그럴 수 있는 힘의 원천이다. 그리고 이 모든 일을 가능케 하신 주님께 마음과 힘과 정성을 다해 영광을 돌린다. 할렐루야!

2021년 8월 28일
부평에서 배 덕 만

제1장 · 배경

1. 역사적 배경

기독연구원 느헤미야의 설립은 21세기 전후에 발생한 한국사회와 교회의 근원적·구조적 변화와 함께 이루어졌다. 한국교회사와 한국근대사가 필연적·운명적 관계를 형성해왔듯이, 느헤미야의 탄생과 발전도 21세기 전후의 정치적·경제적 종교적 상황에 깊은 영향을 받으며 이루어진 것이다. 그렇다면 느헤미야의 출현을 가능하게 혹은 필요하게 만들었던 역사적 상황은 무엇이었을까?

(1) 1980년대

1979년 10월 26일 박정희 대통령의 서거로 유신이 종식되면서 소위 "서울의 봄"이 시작되었다. 하지만 꿈같았던 시간은 1980년 5월 17일 전두환이 이끈 신군부의 비상계엄 전국 확대로 허망하게 종언을 고하고 말았다. '5·18 민주화운동'을 무력으로 진압한 전두환은 같은 해 9월 1일 통일주체국민회의의 체육관 선거에서 대통령에 당선되었고. 1981년 3월 3일 제5공화국이 출범했다. 그렇게 불법적으로 탄생한 제5공화국은 1987년 '6월 항쟁'으로 몰락할 때까지 학생과 시민의 거센 저항을 받았다.

사실, 한국의 진보진영은 이미 70년대 초반부터 에큐메니컬운동의 하나님의 선교, 가톨릭의 해방신학, 그리고 민중신학을 토대로 민주화를 요구하며 유신체제에 용감히 저항했다. 하지만 한국교회의 보수진영은 같은 시기에 정교분리를 주장하며 일체의 반정부활동을 삼가 했고, 대신 'Explo 74' 같은 대형 전도 집회를 연속적으로 개최했다. 심지어, 다양한 형태의 조찬기도회와 수많은 반공단체, 시국기도회를 통해 적극적으로 유신정권을 옹호·지원했다. 이런 상황에서, 소수의 양심적인 복음주의자들이 진보 진영의 용감한 행보에 도전을 받고 진심어린 지지를 보냈지만, 이들의 이념적 토대인 민중신학과 해방신학에 대해선 부담을 느꼈다.

이런 상황에서, 1980년대 중반, 기독교학문연구회기학연, 1984, 한국헬리조지협회1984, 기독교문화연구회기문연, 1986가 이런 양심적 복음주의자들 내에서 조직되었다. 복음주의청년연합복청, 1986이 조직되고, 이것을 모체로 '공정선거감시와 민주정부수립을 위한 복음주의청년학생협의회' 복협, 1987가 결성되었다. 동시에, 기독교세계관운동에 참여했던 온건한 인물들을 중심으로. 1987년 '기독교윤리실천운동' 기윤실과 1989년 '경제정의실천시민연합' 경실련이 연속적으로 설립되었다.[1]

(2) 1990년대

1993년, '3당 통합'을 통해 군부통치가 종식되고 문민정부가 탄생함으로써, 절차적 민주주의가 상당부분 실현되기 시작했다. 김영삼 대통령은 취임과 동시에, 하나회 해체, 금융실명제 실시, 공직자 재산공개 등 적폐청산을 위한 강력한 개혁을 추진했다. 하지만 삼풍백화점과 성수대교가 붕괴되는 등 한국사회의 고질적인 부패가 극명하게 노출되기도 했다. 또한 1997년 외환위기로 국가

---

1) 배덕만, "한국의 진보적 복음주의에 대한 역사적 고찰," 「한국교회사학회지」 제41집 (2015년 8월): 207-10.

부도사태가 발생하여, 한국 경제가 미국 중심, 재벌중심의 신자유주의체제로 철저히 재구성되었다.

이 시기에, 한국교회도 근본적인 변화를 경험했다. 무엇보다, 1990년대를 거치면서 한국교회의 양적 성장이 둔화되고, 부자세습으로 대표되는 세속화가 가속되었다. 또한, 진보와 보수의 갈등과 대립이 더욱 심해졌다. 이런 상황에서, 1988년, 진보진영을 대표하는 한국기독교교회협의회가 〈민족의 통일과 평화에 대한 한국기독교회 선언〉을 발표하자, 이에 대한 강력한 반발로 보수교회 대표들이 모여 1989년 '한국기독교총연합회'를 조직했다. 뿐만 아니라, 2000년대에 기독교 뉴라이트 운동이 시작되면서, 보수진영의 사회참여가 더욱 체계적이고 정교해졌다.[2]

한편, 진보적 복음주의자들의 활동영역도 꾸준히 확장되고 사역내용도 다양해졌다. 1991년, '복청' 활동가들이 편집위원으로, '기문연'이나 「대학기독신문」에서 활동했던 청년들이 실무자로, 그리고 홍정길, 이만열, 손봉호, 김진홍 같은 교계 지도자들이 공동발행인으로 합류하여, 잡지 「복음과 상황」이 창간되었다. 1993년에는 최초의 대북지원 민간단체로서 '남북나눔운동'이 출범했는데, 이것은 역사상 복음주의와 에큐메니컬이 연합하여 일궈낸 가장 모범적인 사례로 인정받는다. 한국헨리조지협회는 1996년 '성경적토지정의를위한모임'과 통합하여 '희년함께'가 되었으며, '기윤실법률가모임'1995은 1999년 '기독법률가회'로 진화했다. 1991년 발족된 '공명선거실천 기독교대책위원회'도 손봉호와 이만열의 지도하에 2000년대 초반까지 한국교회 내에서 불법선거 감시활동과 공명선거 캠페인을 주도했다.[3]

---

2) 한기총의 탄생에 대해선, 배덕만, "한기총의 어제와 오늘, 그리고 내일," 「기독교사상」 통권728호 (2019. 8): 32-44를 참조.
3) 배덕만, "한국의 진보적 복음주의에 대한 역사적 고찰," 210-11.

(3) 2000년대

IMF사태가 절정에 달하던 1998년 김대중 새천년민주당 총재가 제15대 대통령으로 취임했다. 그는 취임과 함께 햇볕정책과 남북정상회담을 추진하여 북한과의 관계를 개선하기 위해 노력했고, 그 성과를 인정받아 노벨평화상을 수상했다. 그의 뒤를 이은 노무현 대통령은 이전 정권의 정책을 충실히 계승하면서 사학법개정과 수도이전을 추진했다. 이것은 보수진영의 거센 반발을 초래하여, 대통령 탄핵이라는 초유의 사태가 발생했다. 결국, 20007년 대선에서 승리한 한나라당 소속 이명박 후보는 취임과 함께 이전의 진보정권이 추진했던 정책들을 대부분 폐기했다. 한반도대운하정책을 강행했으며, 광우병 파동, 노무현 전대통령 사망 등으로 국민적 저항과 분노를 초래했다.

이 시기에 한기총으로 대변되는 개신교 보수진영은 진보정권이 집권했던 1998년~2008년을 "잃어버린 10년"으로 규정하고, 연속적으로 반정부집회를 개최하는 등 반정부활동을 주도했다. 2004년부터 '뉴라이트전국연합'을 포함한 뉴라이트 운동이 본격적으로 시작되었으며, 같은 해에 '한국기독당'이란 기독교 정당도 창당되어 현실정치에 직접 뛰어들었다. 이들은 이명박 후보의 당선을 위해 전력을 다했으며, 이명박 정부가 출범한 이후에는 강력한 친정부 세력으로 지원 사격을 멈추지 않았다. 한편, 2000년대는 보수적인 대형교회들을 중심으로 교회세습이 교파와 지역을 초월하여 광범위하게 확산되었다. 2001년, 안팎의 격렬한 반대에도 불구하고 세습을 완료했던 광림교회가 이 흐름을 주도했다. 교계 내에서 극심한 갈등이 발생했고, 사회적 비난도 거세졌다.[4]

반면, 이 시기에 복음주의 진보진영은 내부의 조직들이 분화·발전하면서 역할과 영향력이 크게 확장되었다. 기학연이 2000년 '기독교학문연구소'로 개

---

4) 2000년대 한국교회 내에서 전개된 정치와 종교의 상관관계, 특히 보수진영의 반응에 대해선, 배덕만, 『복음주의 리포트』(대전: 대장간, 2020), 357-63을 참조.

명했고, 2009년 기독교대학설립동역회1984와 통합하여 '기독교세계관학술동역회'로 거듭났다. 2002년에는 '교회개혁실천연대'가, 2004년에는 '좋은교사운동'이 기윤실에서 각각 분리되어 독자적인 길을 개척했다. 뿐만 아니라, 2000년, 일군의 교계신문기자들이 모여 교회개혁의 기치를 내걸고 인터넷신문 「뉴스앤조이」를 창간했고, 남북나눔운동의 '연구위원회'1993가 발전하여 한반도의 평화와 통일을 위한 대표적인 기독교싱크탱크 '한반도평화연구원'2006이 탄생했다. 새로운 형태의 학술운동인 아카데미들도 연속적으로 출현했다. 현대기독교아카데미2004, 기독교청년아카데미2004, 청어람아카데미2005 등이 대표적인 경우들이다. 한편, 기윤실은 2000년 '공의정치포럼'을 창립하여 정치 아카데미를 운영했는데, 이것이 2003년 '공의정치실천연대'로 재출발했다. 2010년에는 6.2지방선거를 앞두고 '희망정치시민연합'이 창립되었다. 또한, 뉴라이트운동이 빠르게 확산되는 가운데, 성서한국운동이 시작되었다. 각개전투에 몰두하던 복음주의 사회선교 진영이 연합전선을 형성하여 2005년 공식 출범한 것이다. 이 단체들은 각자의 고유한 역할을 감당하면서, 교회세습 같은 교계의 병폐와 한기총·뉴라이트 중심의 극우적 정치행태에 함께 저항했다.[5]

2. 신학적 배경

느헤미야는 무에서 유로 한순간에 창조된 것이 아니다. 앞에서 살펴본 역사적 흐름의 영향 하에서, 다양한 신학적 흐름들이 합류하여 나름의 신학적 정체

---

5) 배덕만, "한국의 진보적 복음주의에 대한 역사적 고찰," 213-18. 성서한국의 역사는 구교형, 『하나님나라를 응시하라: 한국복음주의 사회선교운동 30년사』 (대전: 대장간, 2019) 제4장 "2000년대 전문영역운동과 연합운동으로서의 성서한국"을 참조.

성을 형성한 것이다. 그렇다면, 느헤미야의 탄생에 영향을 끼친 신학적 흐름들은 무엇이었을까? 대략, 다음의 다섯 가지로 정리할 수 있을 것이다.

(1) 하나님나라 신학

전통적으로, 절대다수의 그리스도인들은 죽음 이후 영혼이 천국에 가는 것을 구원으로 이해했다. 이러한 영혼 중심적·내세 지향적 구원론은 필연적으로 현재와 세상에 대한 무관심 혹은 적대감을 조성할 수밖에 없었다. 특히, 정교분리에 대한 오해로, 교회와 국가, 정치와 종교의 관계가 제대로 정립되지 못했다. 그런 상태에서, 하나님나라 신학이 출현했다. 이것은 "하나님의 나라가 근본적으로 하나님의 주재권이 실현되는 영역"이라고 정의하고, 하나님의 모든 창조세계와 모든 시간 속에서 하나님나라가 실현된다고 주장했다. 따라서 개인적인 삶 외에 정치, 경제, 사회, 문화 등 모든 영역에서 하나님나라가 실천되도록, 모든 그리스도인들이 온전히 헌신해야 한다. 당연히, 이에 대해 전통주의자·보수주의자의 비판과 공격이 거세게 터져 나왔다. 그럼에도, 이런 신학이 1970년대 말부터 한국복음주의자들에게 본격적으로 소개되기 시작했다. 특히, 조지 래드, 헤르만 리덜보스, 게하르더스 보스, 안토니 회크마 등이 많은 이들에게 영향을 끼쳤다.[6]

(2) 로잔언약

1974년 7월 16일부터 10일간 스위스 로잔에서 '세계복음화국제대회'가 개최되어 150여 개국에서 약 2,700여명이 참석했다. 이 대회에는 빌리 그레이엄, 존 스토트, 르네 빠디야 등 다양한 성향의 복음주의자들이 함께 모여, 수많은

---

6) 류대영, 『한국근대사회와 기독교』(서울: 푸른역사, 2009), 303-6.

주제들을 놓고 격론을 벌였다. 그런 논쟁과 타협의 산물이 바로 '로잔언약'Laus-anne Covenant이었다. 특별히, 이 언약의 제5항에서 "우리는 복음전도와 사회 정치적 참여가 우리 그리스도인의 의무의 두 부분임을 확언한다."란 부분이 매우 중요했고, 이후 복음주의 역사에도 큰 영향을 끼쳤다. 한국에서도 서울신대 조종남 교수를 포함한 65명의 지도자들이 이 대회에 참석했다. 하지만 당시의 한국은 유신체제라는 정치적 암흑기였다. 결국, 현실적인 부담 속에, 로잔언약이 한국교회에 제대로 소개되지 못했다. 그럼에도 10여 년이 흐른 1985년, ESF 이승장 목사를 통해 이 언약이 한국교회에 다시 소개되었다.[7]

(3) 기독교 세계관 운동

화란 개혁교회 전통의 신칼빈주의 운동의 지도자 아브라함 카이퍼Abraham Kuyper는 일반은총에 근거해서 하나님이 만물의 창조주로서, 교회뿐 아니라 사회, 국가, 과학과 예술 등 모든 영역에서 주인되시며 주권적인 통치를 행사하신다는 소위 "영역주권론"을 주장했다. 이 사상이 미국에서 프란시스 쉐퍼Francis Shaeffer를 통해 크게 유행했다. 1970년부터 그의 책 『이성에서의 도피』가 국내에 소개되기 시작했다. 1980년대에는 헤르만 도이베르트, 봅 하웃즈바르트, 제임스 사이어, 브라이언 월터스 같은 학자들의 책이 연속적으로 소개되면서, 대학생 선교단체들을 중심으로 기독교세계관 운동이 크게 유행하기 시작했다. 특히, 손봉호, 기독교학문연구회, 기독교대학설립동역회 등이 이 운동의 중심에 있었다.[8]

---

7) 배덕만, "한국의 진보적 복음주의에 대한 역사적 고찰," 219-21.
8) 류대영, 『한국근현대사와 기독교』, 311-13.

(4) 해방신학, 민중신학, 마르크스주의

1960년대 세계를 강타한 혁명과 저항의 기운이 라틴아메리카에서 구스타보 구티에레즈Gustavo Gutierrez로 대표되는 일군의 가톨릭 사제들을 통해 해방신학을 탄생시켰다. 해방신학자들은 가난한 자들의 입장에서 성경을 읽고, 서구사회와 다른 라틴아메리카의 경제적·정치적 모순을 직시하도록 도왔다. 종교와 구원을 영적·내세적 의미가 아닌, 다양한 구조적·현실적 억압으로부터의 해방으로 이해했다. 이를 위해 기초공동체를 세우고 성경연구와 생활개선을 추구했으며 사회변혁을 도모했다. 구티에레즈의 『해방신학』이 1977년 성염 신부의 번역으로 국내에 소개되었다. 한편, 1970년대에는 유신체제의 정치적 억압과 경제적 모순이 정점에 달하면서 안병무, 서남동, 김용복 등에 의해 민중신학이 출현했다.[9]

(5) 미국 복음주의 좌파

1960년대의 격변기를 통과하면서 빌리 그레이엄과 칼 헨리의 신복음주의에서 이탈하여, 신앙적 보수성을 유지하면서 사회개혁에 보다 적극적으로 참여했던 일군의 복음주의자들이 출현했다. 짐 월리스, 로날드 사이더, 토니 캠폴로, 도널드 데이튼, 존 하워드 요더 등이 대표적이다. 이들은 환경, 전쟁, 에이즈, 이민, 동성애 같은 사회적 쟁점에 민감하게 반응하며 적극적·조직적으로 참여했는데,[10] 이들의 글이 2000년대부터 본격적으로 한국교회에 소개되기 시작하며

---

9) 해방신학과 민중신학에 대한 간략한 정보는 배덕만, 『세계화 시대의 그리스도교』, 137-39, 144-46을 참조하시오.

10) 진보적 복음주의에 대한 비판적 분석은 제임스 데이비슨 헌터, 『기독교는 어떻게 세상을 변화시키는가』, 배덕만 옮김 (서울: 새물결플러스, 2014), 209-27을 참조. 이에 대한 보다 긍정적 평가는 배덕만, 『복음주의 리포트』, 215-72에서 짐 월리스와 브라이언 맥클라렌을 분석한 내용을 참조.

큰 관심을 불러왔다. 특히, 짐 월리스가 크게 유행하며 널리 영향을 끼쳤다.[11]

3. 직접적 배경

느헤미야의 탄생에 직접적인 영향을 끼친 다양한 운동과 사건, 조직이 있었다. 즉, 느헤미야에 연구위원, 이사, 실행위원으로 참여한 이들이 느헤미야에 참여하기 직전에 관여했던 운동, 그들 간의 관계나 연대를 가능하게 했던 기관, 그리고 그들을 느헤미야로 결집하게 만든 사건들을 살펴보자.

(1) 기독교윤리실천운동(기윤실)

1980년대에 기독교세계관운동을 주도했던 손봉호, 이만열, 강영안, 양승훈 교수 등을 중심으로 1987년 기독교윤리실천운동이 출범했다. 1987년 12월에 발표된 〈창립 취지문〉에서 기윤실은 자신의 정체성과 사명을 다음과 같이 밝혔다.

> 기독교윤리실천운동은 하나의 평신도 운동이지 한국 기독교를 대변하는 교회 운동은 아니다. 그리고 이 운동은 결코 그리스도를 믿음으로써만 구원받는 기독교의 기본 교리를 경시하거나 윤리적 행위가 구원의 공로가 될 수 있음을 주장하려는 것도 아니다. 다만 행함이 없는 믿음은 죽은 믿음이요, 거듭난 신자의 삶은 반드시 경건해져야 하고 세상의 빛과 소금이 되어야 한다는 성경의 가르침에 순종하고자 함에서이다. 이 순종을 개인의 삶에만 국한시

---

11) 『복음과 상황』 통권 21호 (2008년 10월호) 특집이 "짐 월리스와 한국복음주의"였던 것이 대표적인 예다.

킬 것이 아니라 사회의 공의를 이룩하고 우리에게 주어진 역사적 사명을 수행하는 데까지 확장시키고자 하는 것이다.[12]

이후, 기윤실은 공명선거운동, 담임목사세습반대, 교회재정건강성운동, 한기총해체운동, 자발적불편운동 등을 전개했다. 이런 과정에서, '기윤실법률가모임'이 '기독법률가회' 1999로 발전했다. 2002년에는 '교회개혁실천연대'가, 2004년에는 '좋은교사운동'이 기윤실에서 분리되어 독자적인 길을 개척했다. 기윤실은 "체제내 합법적 개혁을 추구"하면서 "본격적인 시민운동의 시대를 열게" 된 운동이란 역사적 평가를 받았다.[13] 후에 기윤실 설립과 발전에 중추적인 역할을 담당했던 이만열 교수가 느헤미야의 탄생 및 발전 과정에서 강의와 자문으로 중요한 도움을 주었다.

(2) 교회개혁실천연대(개혁연대)

한국교회가 물량주의적·기복적·이원론적 신앙에 심취했으나 자정과 개혁의 노력이 부재하다는 문제의식 하에 2002년 11월 교회개혁실천연대가 출범했다.[14] 개혁연대는 본래 기윤실의 '건강교회 운동본부'의 핵심 회원들이 독립하여 새로 조직한 단체다. 이후, 세습반대운동, 정관마련운동, 재정투명성운동, 교단총회 참관활동, 교회분쟁해결, 한기총 해체운동 등에 힘을 쏟았다. 또한, 여의도순복음교회의 인사·재정, 사랑의교회 건축 특혜, 삼일교회 전병욱 목사 징계문제 등을 세상에 알리기 위해 노력했다. 이런 활동을 인정받아, 2012년 '제3

---

12) https://cemk.org/about-us/.
13) 배덕만, "한국의 진보적 복음주의에 대한 역사적 고찰," 『한국교회사학회지』 제41집(2015.5): 210. 김민아, "사회참여적 복음주의운동이 한국시민운동의 형성에 끼친 영향" (서울대학교 대학원 석사학위논문, 2013), 82.
14) 개혁연대 창립선언문(https://www.protest2002.org/src/declare.php) 참조.

회 종교자유인권상'을 수상하기도 했다.[15] 어느새, 이 단체는 한국교회 내에서 진보와 보수를 막론하고, 교회개혁과 사회적 책임을 실천하는 대표적인 시민단체로 성장했다. 개혁연대의 설립 때부터 지금까지 중추적인 역할을 담당했던 인물들인 박득훈, 방인성, 오세택, 백종국은 느헤미야의 탄생에 중요한 역할을 했으며, 느헤미야의 고상환 사무처장도 2002년부터 개혁연대의 집행위원과 집행위원장으로 꾸준히 참여했다.

(3) 아카데미운동

2000년대가 시작되면서 복음주의 진영 내부에서 소위 '아카데미 운동'이 시작되었다. 2004년, 현대기독교아카데미를 시작으로, 기독교청년아카데미와 2005년 높은뜻숭의교회 부설 청어람아카데미가 연속적으로 탄생했다. 이 아카데미들은 성직자 양성을 위한 신학교나 신앙 교양을 목적으로 한 개교회 차원의 특강과 달리, 평신도들을 대상으로 다양하고 수준 높은 신학강좌를 개설하여 신학의 대중화에 크게 기여했다. 특히, 김동춘 교수가 설립한 현대기독교아카데미는 "사회적 책임의 그리스도인을 양성하고 제자도의 영성을 함양하며 현대 상황에서 기독교 사상을 연구·교육하는 단체"였으며, 청어람아카데미 대표 양희송은 단지 신학만이 아니라, 정치, 문예, 인문학, 대중신학, 사회혁신 등에 관한 다양한 강좌를 개설했다.[16] 이 두 아카데미는 2000년 이후 해외 유학을 마치고 귀국한 신진학자들의 주요한 등용문으로 기능했다. 권연경, 김근주, 배덕만, 전성민 등이 귀국 초기에 아카데미에서 강의했던 대표적인 학자들이다.

---

15) 이 수상소식에 대한 정보는 인권연대 홈페이지에서 확인할 수 있다. https://hrights.or.kr/notice/?mod=document&uid=806.

16) 배덕만, "한국의 진보적 복음주의에 대한 역사적 고찰," 14-5.

(4) 성서한국

성서한국은 한국교회가 개인구원, 영혼구원, 교회성장, 기복신앙으로 경도된 현실을 비판적으로 성찰하면서 교회의 사회적 책임을 추구하던, 복음주의 진영의 시민사회단체들이 연대하여 2002년부터 활동을 시작한 하나님나라운동이다. 이것은 기독교윤리실천운동, 공의정치실천연대, 기독변호사회, 새벽이슬, 성경적토지정의를위한모임 등 15개 단체가 참여하여 시작되었다. 2002년 6월, 할렐루야교회에서 100여 명이 참석하여 '제1회 성서한국수련회'가 열렸으며, 2003년~2005년까지 성서한국의 이론적 기초를 다지기 위한 포럼이 매년 개최되었다. 그리고 마침내 2005년 8월, 침례신학대학교에서 950여 명이 참석한 가운데 "사회적 책임에 대한 그리스도인의 대답"이란 주제로 제1회 성서한국 전국대회가 열렸다. 2008년부터는 대구, 인천/부천, 부산에서 격년으로 지역대회가 열리기 시작했다. 박득훈, 조석민, 김동춘, 김형원, 권연경, 김근주, 배덕만, 고상환 등이 성서한국 초창기부터 임원과 강사로 긴밀한 관계를 맺어 왔다.

(5) 웨스트민스터신학대학원대학교(웨신대)

1967년에 대한예수교장로회신학교로 시작한 웨신대는 1998년부터 현재 이름을 사용하기 시작했다. 오랫동안 장로교 계열의 보수적 신학교로 인식되었지만, 2004년 박찬호 총장이 취임하면서 "현존하는 복음주의 계열의 신학교 가운데 가장 역동적이며 실천적인 신학교 중의 하나"로 변모했다.[17] 웨신대는 뛰어난 실력을 가진 젊은 신학자들을 대거 영입했으며, 교회개혁실천연대, 『뉴스앤조이』, 『복음과상황』, 성서한국 등과 협력관계를 맺었다. 교수들이 이 단체들을 위해 자문, 강의. 집필을 적극적으로 이어간 결과, "교회개혁을 실천하는 신

---

17) 이승균, "교회개혁을 실천하는 젊은 신학교 웨신대: 복음주의 신학교 중 실천적 역동성 돋보여…40대 박찬호 총장, 균형과 조화의 리더십," 『뉴스앤조이』(2008. 3. 25).

학교"라는 정체성을 구축했다. 또한, 신학생들 사이에서 입학하고 싶어 하는 대표적인 전문신학대학원으로 인지도가 급상승했다. 하지만 2008년 새 이사장이 취임한 후, 학교운영을 둘러싸고 교수·학생들과 이사장 측이 충돌했다. 결국, 2011년에 학생들이 이사장을 업무상 배임횡령으로 고발하면서 이사장 퇴진운동이 본격적으로 시작되었다.[18] 2012년, 이 갈등은 이필찬·신현우·김근주 교수의 해임 파면, 보직 거부, 전·현직 학생회 임원들의 징계와 자퇴라는 파국으로 치달았다.[19] 비록, 이 불행한 사태로 김근주 교수가 느헤미야의 전임으로 부임했지만, 김근주 교수 외에 권연경, 전성민, 박득훈, 김형원, 김동춘 교수도 전임 혹은 비전임으로 웨신대에서 가르친 경력이 있다. 이런 면에서, 느헤미야는 웨신대 사태 이전까지 웨신대가 감당했던 역할을 계승했다고 말할 수 있다.

---

18) 황규학, "웨신대학교사태, 무엇이 문제인가?: 신학적 가치 vs 법적 정당성," 「통합기독공보」 (2012. 2. 29).
19) 정재원, "'제2, 제3의 웨신대 사태 막아야': 웨신대 총학생회 협력 단체, 학교 정상화를 위한 공동 기자회견 열어," 「뉴스앤조이」 (2012. 2. 25).

제2장 · 탄생

1. 2009년 성서한국 전국대회

2009년 8월 3일부터 7일까지 명지대학교 용인캠퍼스에서 제4회 성서한국 전국대회가 열렸다. "진정한 회심에 대한 그리스도인의 대답 '회심 2.0'"이라는 주제 하에 약 840여 명이 참석하여 성황을 이루었다. 이미 세 차례의 전국대회를 성공적으로 치렀던 성서한국은 2008년부터 내부조직을 정비하고, 전국대회와 지역대회를 격년으로 치르기 시작했다. 전국대회 참여자들이 대회 종료 후 각자의 자리로 돌아갔을 때, 공통적으로 외로움과 무력감을 경험했기 때문이다.

2009년 전국대회를 마친 후, 같은 고민이 이 대회에 참여했던 강사와 활동가들 안에서 논의되기 시작했다. 즉, 성서한국에 참여하여 하나님나라와 교회의 사회적 실천에 대해 강력한 자극과 각성을 경험했던 사람들에게 그런 경험을 지속·심화할 필요가 절실했다. 하지만 다음 대회까지 1, 2년의 시간을 기다려야 했다. 또한, 대부분의 지역 교회가 그런 필요를 충족시키기엔 역부족이었고, 대부분의 지역에는 이런 목적의 기관이나 단체가 극소수이거나 전무했다. 이런 현실에 대한 공감대가 형성되면서, 전국대회에 참석했던 청년들을 위해 하나님나라와 사회적 실천에 대한 학습과 실천의 기회를 제공할 교육기관이 필요하다는 의

견이 제시되었다. 다소 즉흥적이었던 의견 나눔이 곧 구체적·본격적인 논의의 장으로 확대되었다.[20]

2. 준비모임

2009년 11월 13일 금요일 밤 9시 40부터 8명박득훈, 김동춘, 김형원, 권연경, 구교형, 김근주, 고상환, 전성민이 양지 파인리조트 435호실에 모였다. 느헤미야 탄생을 위한 최초의 공식 모임인 '가칭 대안신학연구원 설립을 위한 집담회'였다. 먼저, 박득훈 목사가 느헤미야8:1-12를 분문으로 설교했고, 이어서 전성민 교수와 고상환 집사가 "신학교 설립을 논한다"와 "학교 설립의 방향"이란 제목으로 발제했다.

특히, 고상환 집사는 자신이 경험한 교회개혁운동을 토대로 교회갱신과 그리스도인의 사회적 책임의 배경이 되어줄 신학적 강의가 절실히 필요함을 주장했다. 아카데미의 활성화로 많은 청년들이 변화되고 있으나, 청장년층과 중년층의 욕구를 온전히 감당하기는 어렵기 때문이다. 또한, 새로운 발전 모델이 된 웨스트민스터신학대학원대학교의 성과를 높이 평가하지만, 학교재단의 불안정성과 보수성으로 학내분규가 발생하면서 큰 실망을 안겨주었다고 한다. 따라서 새로운 신학교 설립이 필요하다고 제안한 것이다.

이어서 자유토론이 진행되었다. "긴호흡으로 제대로 된 커리큘럼을 가진 대안신학운동이 필요하다"고 구교형이 말문을 열었다. 박득훈은 "기존 아카데미가 이슈 중심으로 가는 것이라면 대안신학교는 그것을 품어 전체적인 신학 전

---

[20] 「느헤미야 창립총회 자료집」 (2010. 2. 20), 17-18.

체를 가르치는 것이다"라고 말을 이었고, 권연경은 "무엇을 위한 대안인지 분명히 할 필요가 있다. 기존 신학교에 대한 대안인가? 아카데미에 대한 대안인가? 목회자 양성에 대한 대안인가? 를 분명히 하자"고 토의방향을 지적했다. 이에 대해, 김동춘은 "학교적 시스템으로 가야한다"고 제안했으며, 구교형은 "평신도 훈련에 방점을 찍고, 목회자 재교육도 담당해야 한다"고 개인적 의견을 밝혔다. 김형원이 "기존 신학교와는 다른 리젠트칼리지와 같은 학교로 가자...아카데미와는 차별성을 지닌 신학교로 가야 한다"고 보다 구체적인 안을 제시하자, 김근주도 "장기적으로 신학교로 셋팅해야 한다. 목회자가 아니더라도 M. Div.를 할 수 있는 정도는 되어야 한다"라고 동의했다. 고상환은 "교수진의 열정과 헌신이 필수적이다"고 강조했다.

결국, 이런 발제와 토론을 거쳐, 연구원 명칭을 '신학연구원 느헤미야'로 정하고 준비위원회 위원장 박득훈 목사를 구성했다. 성경에서 "느헤미야"는 대표적인 평신도이자 학자이며, 무너진 성벽을 재건하는 개혁운동의 상징적인 인물이다. 당시에 준비위원들은 〈목사, 선교사 양성이 아닌 "하나님의 온 백성을 위한 신학"을 추구〉하며 한국교회를 재구성하자는 취지로 새로운 신학기관의 설립을 추진했기 때문에, 이들의 목적에 가장 적합한 롤모델이 느헤미야였다. 이런 이유에서, 느헤미야가 신학연구원의 이름으로 결정되었다. 이 모임에서 작성된 기획안에 따르면, 연구원의 설립목적은 다음과 같다.

1. 바른 신학을 제시하여 한국교회를 견인한다.
2. 바른 평신도 신학자들을 양성하여 한국교회의 미래를 선도한다.
3. 신학연구를 통해 한국교회 교인들을 계몽한다.
4. 연구와 강의를 통해 한국교회 개혁을 실현한다.

5. 더 나아가서는 한국사회가 하나님나라가 되도록 한다.

연구원에 합류할 인물로, 신학교수 중에서 이번 모임에 참석한 사람들 외에 박찬호, 배덕만을, 운동가 중에서는 박종운, 최철호, 황병구, 양희송, 남오성, 강민창 등을 추가로 초대하자고 의견을 모았다. 그 외에, 신학연구원이라는 특성에 맞도록 조직을 구성하고, 강의실과 사무실 공간을 확보하며, 홍보를 위해 2010년 초 공개 아카데미를 실시하기로 결정했다.

이후 총 4차례 12/7, 12/12, 12/26, 1/11에 걸쳐 준비회의가 이어졌고, 마지막 준비모임에서 연구원 명칭이 '기독연구원 느헤미야'로 변경되었다. 이때 '신학연구원'이 '기독연구원'으로 변경된 이유는 신학연구원이란 명칭이 목사 양성에 치중하는 신학교 냄새를 풍긴다는 이의가 제기되자, "기독교학"Christian Studies 이라는 명칭을 붙이자는 제안에 따라 "느헤미야 기독교학연구원"으로 조정되었다가, 기관의 성격을 말하는 기독교학을 앞에 붙여 명칭의 특이성을 높이자는 취지에서 "기독교학 연구원 느헤미야"를, 여기에 그 약칭으로 "기독연구원 느헤미야"로 최종 결정된 것이다. 뿐만 아니라, "기독교학"Christian Studies이란 기관 명칭에 기초하여, 2010년 봄부터 '기독교학 입문과정'을 개설하고, 2010년 2월 20일 서울영동교회에서 개원예배 및 창립총회를 개최하기로 결정했다. 이로써, 기독연구원 느헤미야의 탄생을 위한 기초 논의가 마무리 되었다.[21]

결국, 느헤미야의 탄생에 가장 결정적인 영향을 끼친 것은 성서한국과 웨스트민스터대학원대학교였다. 느헤미야에 교수로 참여한 이들이 오랫동안 성서한국과 직간접적인 관계를 맺으며 다양한 방식으로 활동했고, 웨신에 전현직 교수로 강의한 경력을 갖고 있었기 때문이다. 동시에, 성서한국의 활성화가 느

---

[21] 이상의 내용은 "(가칭) 대안신학연구원 설립을 위한 집담회"(2009. 11. 13)란 제목의 문건을 토대로 정리한 것이다.

혜미야의 필요성을 창출했으며, 웨신의 변화가 느헤미야 출현의 직접적인 계기가 되었기 때문이다.

3. 신학캠프

준비모임에서 결정한 대로, 2010년 1월 23일 아세아연합신학연구원에서 느헤미야의 이름을 내건 최초의 신학캠프가 '일상과 제자도'란 주제로 개최되었다. 미리 배포된 홍보 포스터에는 이 캠프의 취지가 다음과 같이 적시되어 있다.

> 제자도는 교회에 갇히고, 복음은 세상에서 길을 잃었습니다. 그리고 우리는 세상이 던지는 수많은 질문 앞에 직면해 있습니다. 2010년, 복음의 참된 얼굴을 되찾고, 제자도의 길을 찾기 위해, 한국교회와 이 시대를 살아가는 그리스도인과 함께 제자도의 길 찾기를 시작합니다.[22]

기조발표를 맡은 연세대 정종훈 교수는 "언제든 어디서든 동일한 모습이어야 합니다. 하나님과 맺는 관계뿐 아니라 이웃과 관계를 회복하려고 노력해야 합니다. 부활의 영광만 추구하는 게 아니라, 자기 십자가를 감당하는 삶을 살아야 합니다. 그것이 생활 신앙입니다."라고 신앙생활의 본질을 강조했다.[23] 이어서 교수들의 강의가 이어졌다. 강의 제목과 강사 이름은 다음과 같다.

△성전과 성문 김근주, 웨신대 △크기와 제자도 전성민, 웨신대 △드러남과 제자도

---

22) 신학캠프 "일상과 제자도" 홍보 포스터에서 인용.
23) 정종훈, "기조발제: 이제는 생활신앙이다," 「일상과 제자도 자료집」(2010. 1. 23).

권연경, 안양대 △예수와 제자됨의 의미조석민, 에스라 △한국교회 영성의 흐름배덕만, 복음신대 △자본주의 사회와 제자도박득훈, 언덕교회 △제자직과 시민직 사이의 그리스도인김동춘, 현기아[24)]

이날 행사를 「뉴스앤조이」가 취재했고, 강의 일부를 생중계했다. 「뉴스앤조이」는 그날의 현장 분위기를 다음과 같이 전했다.

절실한 사람은 교수들뿐 아니었다. 느헤미야 신학 캠프가 열리기 일주일 전에 이미 100명이 사전 등록해 선착순 마감됐다. 현장에서 방문 등록한 사람도 몇 명 있었다. 참석자들의 질문과 토론이 쏟아져 강의 시간 80분도 모자랐다. 쉬는 시간에 곳곳에서 교수와 이야기를 나누거나 같이 온 사람들끼리 둘러앉아 소감을 나누는 모습을 볼 수 있었다.[25)]

참석자들 중에는 특히 40-50대의 참석율이 높았다. 최기영 목사59 가명는 '일상과 제자도'라는 캠프 주제를 보고 교인들에게 도움을 주고 싶어 신청했지만, 오히려 자신이 어떻게 세상에서 빛을 드러낼 것인지 고민하는 시간이었다고 소감을 밝혔다. 김석주 집사45는 "강의를 듣고 현실에 적용할 점을 같이 논의하니 좋았다. 교수가 말하는 것이 답이라는 분위기가 아니고, 다 같이 고민하니 지루하지 않았다"고 기자에게 말했다.[26)] 발표와 질의응답이 끝난 후에는 입학설명회가 이어졌다.

---

24) 신학캠프 "일상과 제자도" 홍보 포스터에서 인용.
25) 김세진, "신앙생활에서 생활 신앙으로: 느헤미야 신학 캠프, '일상의 제자도' 꿈꾸는 이들의 만남," 「뉴스앤조이」 (2010. 1. 24).
26) 위와 같은 자료.

4. 학생모집

교수진을 구성한 후, 느헤미야는 최초이자 핵심 과정인 '기독교학 입문과정' 제1기생 모집을 시작했다. 2월 초에 「뉴스앤조이」, 「복음과 상황」, IVF학사지 「소리」에 광고를 게재했고, 2월 1일~2월 12일까지 제1차 모집을 진행했다. 전형위원으로 박득훈, 김동춘, 조석민, 전성민, 남오성이 수고했다. 2월 4일자 「뉴스앤조이」에 실린 모집 광고를 여기에 옮겨본다.

> 기독연구원 느헤미야느헤미야 원장 박득훈가 기독교학 입문 과정 1기생을 모집
> 한다. 입문 과정 1기는 3월 2일 개강과 함께 시작하며, 2년간 12주 4학기 과
> 정으로 구성되어 있다. 기독인의 삶을 성경적이고 신학적으로 성찰하고, 전
> 문적인 성경 연구와 신학을 기독인의 실제적인 삶에 접목하는 것이 목표다.

> 2010년 봄 학기는 전성민 교수웨스트민스터신학대학원대학교 구약학의 '구약 역사
> 속의 하나님과 인간의 드라마', 조석민 교수에스라성경대학원대학교 신약학의 '복
> 음서와 예수의 가르침', 권연경 교수안양대학교 신학과의 '오늘을 위한 바울의
> 복음, 김동춘 교수현대기독교아카데미의 '사회적 책임의 신학' 등 강좌를 연다.

> 문의 : 010-5384-1972, www.nics.or.kr [27)]

한편, 「복음과 상황」 2010년 2월호통권232호에는 보다 상세한 광고가 실렸다. 즉, 모집대상, 자격, 지원서류, 학사안내 등, 지원과 관련한 정보를 상세히 제

---

27) 이기철, "'느헤미야', 봄학기 수강생 모집: 3월 2일 개강…2월 1일 원서 교부 및 접수," 『뉴스앤조이』 (2010. 2. 4).

시해 주었다. 그 중 일부만 읽어보자.

모집대상
-직장과 일상 생활의 신앙적 의미를 성찰하고자 하는 그리스도인

-전공 연구의 신학적 토대를 놓고자 하는 대학원생

-기독교적 관점으로 일하고자 하는 기독전문인

-사역의 성경적 신학적 동력을 원하는 기독 운동가

지원자격
대학 졸업자 또는 동등 학력 소지자 별도의 상담 후 조정 가능

지원서류
-입학원서 본 연구원 홈페이지에서 다운로드

-최종 학교 졸업증명서 1통

-주민등록등본 1통

학사안내
-개원예배: 2월 20일 토 오후 2시

-개강예배 및 개강: 3월 2일

-강의 시간: 매주 화요일과 목요일 저녁 7시-8시 20분1교시, 8시 30분-9시 50분2교시

-강의 장소: 서울영동교회 담임목사 정현구, 7호선 학동역 부근

-등록금: 한 학기당 60만원 부분수강시 30만원 - 2회 분납 가능 [28)

학생모집을 통해 총 19명이 지원하여 17명이 서류심사를 통과하고 최종 합격했다. 느헤미야가 교육과정을 개설한 이래, 역사상 최초의 합격자 명단은 다음과 같다.

이원근, 김동신, 김석주, 전갑수, 정선운, 남백희, 김종미, 박정숙, 박재현, 송창훈, 이재은, 정석구, 박철희, 최경민, 권명재, 남태일, 김정길.

이들 중 13명은 전체수강, 4명은 부분수강이었다. 이들의 출생연도를 살펴보면 1950년대 출생자 2명, 1960년대 8명, 1970년대 5명, 1980년대 2명이었다. 즉, 1960-70년대 출생자들이 절대 다수였던 것이다. 학력은 고등학교 졸업자 3명, 대학 중퇴/졸업자 9명, 대학원 수료/졸업자 5명으로, 대다수가 대학 이상의 학력을 지니고 있었다. 교회직분은 목사 1명, 장로 1명, 집사 6명, 교인 9명으로 무직분자가 다수였고, 소속교단은 예장 합동 10명, 예장 통합 1명, 고신 2명, 독립교회 4명으로, 예장 합동이 압도적인 다수를 차지했다. 그리고 입문과정에 대한 정보를 습득한 통로와 관련해서는 「뉴스앤조이」광고 8명, 지인 소개 8명, 교회개혁실천연대 소개 2명이었다. 끝으로, 이들이 이 과정에 지원한 주된 이유는 절대다수가 '올바른 성경연구를 통해 실천적 책임적 그리스도인으로 살기 위해서'였다.[29)

---

28) 『복음과 상황』 통권 232 (2010. 2).
29) 이런 내용은 입문과정 제1기 지원자들의 지원서를 토대로 구성한 것이다.

5. 창립총회

2010년 2월 20일은 이 땅에 기독연구원 느헤미야가 공식적으로 탄생한 날이다. 앞에서 살펴본 것처럼, 2009년 8월부터 느헤미야 설립에 대한 논의가 시작되었다. 이후, 준비위원들이 총 5차례의 준비모임을 이어가며 느헤미야 설립을 위한 구체적인 계획을 수립했다. 여러 달의 준비과정을 거친 후, 마침내 창립총회, 개원예배, 기자회견으로 구성된 창립행사를 서울영동교회에서 진행할 수 있었던 것이다.

먼저, 이날 오후 2시에 창립총회가 개최되었다. 정관제정, 임원선출, 연구위원· 실행위원 선출, 자문위원·후원이사 위촉, 사업계획과 예산승인 등의 순서로 진행되었다. 특별히, 이날 통과된 정관 중, 다음의 항목들이 중요했다.

제6조(회원의 자격) 본원의 회원은 본원의 연구위원과 실행위원으로
　　　한다.
제7조(회원의 권리와 의무) ③회원은 본원이 정하는 바에 따라 소정의
　　　회비를 납부할 의미가 있다.
제15조(원장) ③ 원장이 부득이한 사유로 직무를 수행할 수 없는 때에
　　　는 연구위원 중 최연장자가 그 직무를 대행한다.
제19조(연구위원) ③연구위원의 임기는 2년으로 하며, 연임할 수 있다.
제22조(운영위원회) 본원의 운영과 사업을 심의·결정하기 위한 기구
　　　로 운영위원회를 둔다.
제23조(구성) 운영위원회는 원장 및 연구위원, 4인 이내의 실행위원으
　　　로 구성한다.

제28조(실행위원회) 본원의 운영에 관한 세부적 사항을 심의·결정하기 위한 기구로 실행위원회를 둔다.

제29조(구성) 실행위원회는 본원의 실행위원으로 구성하며, 사무처장은 당연직 실행위원으로 한다.[30]

느헤미야의 초대 임원으로, 원장 박득훈 목사, 회계 감사 최윤호 회계사가 위촉되었고, 권연경안양대/신약학, 김근주웨신대/구약학, 김동춘현기아/조직신학, 김형원하.나.의교회/조직신학, 박득훈언덕교회/기독교윤리, 배덕만복음신대/역사신학, 전성민웨신대/구약학, 조석민에스라/신약학이 연구위원으로 선출되었다. 연구위원들은 이미 다른 대학교/신학교, 연구소, 교회에서 전임으로 사역하고 있었지만, 느헤미야의 강의와 학교 운영을 동시에 감당하게 되었다. 이어서 13명의 실행위원이 위촉되었다. 그 명단은 다음과 같다.

고상환 집사교회개혁실천연대/기획, 김지명 간사SFC훈련원/대외협력, 양세진 총장기독교윤리실천운동/기획, 유명종 목사새벽이슬/대외협력, 이광하 목사복음과상황/홍보, 정준경 목사뜨인돌교회/기획, 황병구 본부장한빛누리/재정, 구교형 사무총장성서한국/대외협력, 남오성 국장교회개혁실천연대/기획, 오수경 간사시흥교회/홍보, 윤환철 국장한반도평화연구원/기획, 정모세 목사분당두레교회/출판, 최욱준 국장통일시대평화누리/미디어

동시에, 방인성 목사함께여는교회, 박종운 변호사기독법률가회, 최은상 목사주님의나라교회를 후원이사로, 강경민 목사일산은혜교회, 김형국 목사나들목교회, 백종국

30)「기독연구원 느헤미야 정관」(제정 2010. 2. 20).

교수경상대, 오세택 목사두레교회, 이문식 목사산울교회, 이승장 목사예수마을교회, 이풍인 목사개포동교회, 최영우 대표도움과나눔, 정병오 대표좋은교사운동, 정종훈 교수연세대, 정현구 목사서울영동교회, 지성근 목사일상과생활연구소를 자문위원으로 위촉했다. 이렇게 해서 느헤미야를 구성하고 이끌어갈 조직과 인물이 최종적으로 결정되었다.[31]

이어서 개원예배가 시작되었다. 김동춘 연구위원이 기도를, 새벽이슬의 김영민 간사가 특송을, 자문위원 정현구 목사가 설교를 각각 맡았다. 그리고 이승장 목사와 한완상 장로가 축사와 격려사를 통해, 느헤미야의 출발을 격려하고 축하해주었다. 3부 행사는 기자회견이었다. 설립취지 설명박득훈, 설립경과 보고고상환, 홍보동영상상영, 연구원 UI 소개전성민, 교과과정소개김형원, 질의 및 응답박득훈,고상환,김형원 순서로 행사가 진행되었다.[32]

이날 느헤미야는 자신의 탄생을 세상에 알리면서, 느헤미야 설립의 시대적 배경과 사명을 담은 〈설립취지문〉을 발표했다. 이 취지문에서 느헤미야는 한국교회가 겉으로만 경건해보일 뿐, 하나님나라를 배반하고 있다고 선언했다. 구체적으로, 목회자들이 성경을 왜곡하고 세속적 권력을 휘두르며 하나님의 백성들을 호도하고, 하나님의 백성들은 목회자들의 거짓과 불의에 동조한다고 지적하면서, 자신의 시대적 책임과 사명을 다음과 같이 천명했다.

하나님은 오늘 우리에게 엄중하게 묻고 계신다. "이대로 가다가 마지막 때가 이르면 너희가 어쩌려고 그러느냐?" 기독연구원 느헤미야는 이 질문에 응답하고자하는 이들의 눈물어린 절규와 몸부림의 작은 열매이다. 지금 한국교

---

31) 느헤미야 설립당시 연구위원, 실행위원, 자문위원 명단은 「느헤미야 창립총회 자료집」에서 확인할 수 있다.
32) 「느헤미야 창립총회 자료집」(2010. 2. 20), 4-5.

회에 필요한 것은 느헤미야의 영성과 지도력을 갖춘 하나님의 사람들이다. 느헤미야는 소위 평신도로서 당시 최강대국인 바사 궁전에서 편한 삶을 얼마든지 영위해나갈 수 있었다. 하지만 신앙적 그리고 정치경제적 위기로 무너져 내린 이스라엘의 슬픈 모습에 직면하여, 깊은 회개와 눈물을 흘리며 기도 가운데 자신을 던졌다. 예루살렘 성벽과 성문을 중건하는 과정에서 이스라엘 신앙공동체를 튼실하게 세워나갔다. 자기 스스로 정의롭고 소박한 삶을 실천함으로써 사회변혁을 주도하였다. 이스라엘 백성이 하나님의 말씀으로 돌이킬 수 있도록 제사장이요 학사인 에스라와 아름답게 동역하였다. 이스라엘의 예배질서를 회복하고 경제윤리를 바로 세우고 삶을 복원하였다.[33]

이처럼, 기독연구원 느헤미야는 위기에 처한 한국교회의 각성과 개혁의 실마리를 평신도 교육에서 찾았고, 예루살렘 성벽과 성문을 중건하고 이스라엘의 사회개혁과 영적 각성을 주도했던 느헤미야를 계몽되고 훈련된 평신도의 성경적인 모델로 설정했다. 이런 문제의 진단과 성경적 해법을 제시한 후, 취지문은 평신도 신학교육기관으로서 기독연구원 느헤미야가 자신의 역사적 책임을 성실하게 실천하겠다고 다짐했다.

우리는 한국교회가 더 이상 거짓되고 권력지향적인 지도자들에게 이용당하지 않도록, 그리고 한국교회가 부패와 죄성의 늪에서 벗어날 수 있도록, 느헤미야 같은 인물을 양성하는데 온 힘을 다할 것이다. 신학의 다양한 분야를 하나님나라의 구현이라는 비전을 중심틀로 삼아 가르칠 것이다. 목회자와 성

---

[33] "기독연구원 느헤미야 설립취지문: 느헤미야의 영성으로 한국교회와 사회의 변혁을 꿈꾸며" (2010. 2. 20).

도가 아름답게 동역하는 모습을 만들어 갈 것이다.[34]

이런 꿈을 실현하기 위해, 느헤미야는 자신의 '비전'과 '설립정신'을 명료하게 정리해서 다음과 같이 공개했다.

비전
기독연구원 느헤미야는 하나님나라의 구현과 한국 기독교의 재구성을 추구합니다.

설립정신
(1) 하나님의 온 백성을 위한 교육
　　·신학은 모든 성도들에게 제공되어야 한다
　　·신학적 소양을 구비한 성도들이 하나님나라 구현과 한국 기독교의 재구성의 주체가 될 것입니다.
(2) 세상과 소통하는 연구
　　·세상을 사는 성도들을 위한 신학연구가 필요합니다
　　·정치와 경제, 사회와 역사, 문화와 예술, 과학과 기술, 생명과 생태를 다루는 다양한 학문과 겸손히 그리고 적극적으로 소통해야 합니다.
(3) 교회와 사회를 변화시키는 실천
　　·신학교육과 연구는 교회와 사회를 변화시키는 실천으로 완성됩니다.[35]

---

34) "기독연구원 느헤미야 설립취지문: 느헤미야의 영성으로 한국교회와 사회의 변혁을 꿈꾸며."
35) 이것은 창립총회 전에 각 언론사와 기자들에게 배포한 "개원행사 안내"란 제목의 보도자료에서 최초로 공개되었다. "보도자료"(2010. 2. 16).

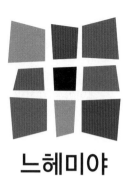

느헤미야

끝으로, 이날 느헤미야의 로고가 세상에 첫 선을 보였다. 이 로고는 굿네이버스 2009년 캠페인 홍보디자인 등을 담당했던 펀카델릭 대표 최서윤의 작품이다. 십자가, 공간, 백성, 모듈을 형상화하여, 기독연구원 느헤미야의 정신과 특징을 상징적으로 잘 표현했다. 이 로고의 의미에 대한 제작자의 설명은 다음과 같다.

평범한 개체가 모여 공간을 이루는 모습을 형상화하여 표현하였다. 기독연구원 느헤미야에 모인 성도들의 모습을 Module들이 모여 사각의 형태를 만들고 십자가를 품은 모습을 은유적으로 담고 있다. 은은한 스테인드글라스를 연상케 하기도 하며, 평범하지만 하나님의 백성이기에 귀한 한국교회 온 성도들이 느헤미야 성벽재건에 쓰인 벽돌이 되어 한국 기독교를 재구성할 비전을 그리고 있습니다.[36]

---

36) "UI 제작사가 보내온 설명서." 한편, 느헤미야의 홈페이지 제작은 개원 직후부터 추진되었는데, 초반에 우여곡절이 많았다. 하지만 입문과정 이정민 형제의 수고로 마침내 현재의 모습을 갖출 수 있었다. 그는 느헤미야 교회협의회 홈페이지 제작에도 재능기부로 큰 도움을 주었다. 이 자리를 빌려서 깊이 감사드린다.

제3장 · 느헤미야 교수들

기독연구원 느헤미야는 다른 신학기관들과 달리, 특정 교단이나 개인의 주관하에 설립되지 않았다. 뜻을 같이 한 일군의 신학자, 목회자, 활동가 들이 모여 설립한 대안신학교육기관이다. 따라서 처음부터 참여한 교수들과 학생들이 학교의 설립과 운영, 강의와 행사에 대해 무한한 책임을 감당해야 했다. 따라서 느헤미야 역사에서 이들이 차지하는 비중은 절대적이다. 그렇다면 느헤미야의 설립과 이후의 역사에 함께 했던 교수들은 누구일까? 이제 그들을 간단히 소개해 본다.

1. 박득훈

1952년, 한국전쟁 중 서울에서 태어났다. 그가 태어나기 6개월 전, 부친께서 폐결핵으로 소천하셨다. 부친은 니혼대학에서 마르크스 경제학을 공부했는데, 그의 피가 박 교수에게 그대로 유전된 것 같다. 홀로 세 아들을 위해 희생하신 어머니께 효도하는 마음으로, 막내였던 박 교수는 어린 시절부터 열심히 공부했다. 한편, 종교 없이 살던 그가 대광중고등학교를 다니면서 교목의 권유로 6년간 영락교회 중고등부에 출석했다. 매우 행복한 시절이었다. 한편, 이 시기에 청계천변 둑길을 걸어 통학하면서, 자신의 가난과 판자촌의 아픔을 목격했다. 그런 경험을 통해, 빈부격차를 해소할 정책 입안을 꿈꾸며 연세대학교 경제학과에 입학했다.

대학 입학 후, 선배의 권유로 대학생성경읽기UBF에 가입했고, 경제학보다 성경을 더 열심히 공부했다. 한경직 목사의 주일 설교를 통해 예수를 인격적으로 영접했다. 이후, 런던 바이블 칼리지에서 신학을 공부하며 가난한 자의 편에 선 하나님나라를 알게 되었고, 더럼대학교에서 기독교사회윤리를 전공하여 "Christian Praxis and Economic Justice"란 제목의 논문을 쓰고 박사학위를 취득했다. 귀국 후에는 여러 대학에서 강의하며 기독교윤리실천운동과 교회개혁실천연대, 성서한국 등에서 활동했고, 언덕교회에서 담임목회도 이어갔다.

그러던 2009년 여름, 성서한국대회가 열렸다. 박 교수는 저녁집회 강사로, 김근주, 권연경, 배덕만 교수는 성경강해 강사로 참여했다. 다윗과 요나단처럼 가슴 벅차게 의기가 통하는 시간이었다. 그것이 계기가 되어 「기독연구원 느헤미야」 설립에 기꺼이 참여했다. 특히, 모든 성도들에게 신학교육을 제공해 그들을 한국기독교 재구성의 주체로 세우자는 취지에 가슴이 뛰었다. 초대원장으로 취임하여 느헤미야 설립과정에 깊이 관여했지만, 뜻하지 않게 일찍 원장직을 내려놓아야 했다. 하지만 이후에도 초빙연구위원으로 느헤미야와의 인연을 끈끈하게 이어왔다. 돈의 신 맘몬에서 해방된 교회와 사회가 그의 일관된 학문적·운동적 관심사다. 현재는 『돈에서 해방된 세상』가칭이란 책을 집필하기 위해 벌써 6년째 씨름하고 있다. 지난 수년간 뒤늦게 마르크스·엥겔스 공부에 집중해 왔다. 이사야 50:4의 종처럼, 이 어두운 시대에 지칠 대로 지친 사람들을 말로 격려할 수 있는 진정한 "학자"로서 인생을 마무리 하는 것이 그의 소망이다.[37]

---

37) 박득훈 목사와 서면으로 진행한 인터뷰(2021. 8. 13)를 토대로 정리.

2. 조석민

1954년, 강화도에서 출생하였으나 서울에서 성장하며 교육을 받았다. 초등학교 2학년 때부터 여름성경학교를 계기로 교회에 출석하기 시작했으며, 고등학교 시절에 평생 예수를 떠나지 않겠다고 다짐했다. 장 칼뱅을 절대시하는 교회 분위기 속에서, 진정한 교회를 알고 싶은 마음에 총신대학교와 합동신학대학원대학교에서 신학을 공부했고, 목사안수 후에는 강릉에서 5년간 담임목회를 했다. 이후, 성경을 깊이 연구하고 싶어서 가족과 함께 영국으로 유학을 떠났다. 브리스톨 대학University of Bristol의 트리니티대학Trinity Theological College에서 요한복음을 연구하여 박사학위Ph.D.를 받았다. 논문 제목은 "Jesus as Prophet in John's Gospel: The Meaning, The Role in Characterization and the Christological Significance"였다. 이 논문은 2006년 영국 Sheffield Phoenix Press에서 *Jesus as Prophet in the Fourth Gospel* New Testament Monographs 15이라는 제목으로 출판되었다.

유학을 마치고 귀국하여 에스라성경대학원대학교에서 교편을 잡았다. 하지만 한국개신교의 암울한 여러 가지 현실을 보며 해결방안을 고민하기 시작했고, 그 과정에서 느헤미야 동지들을 만났다. 한국교회의 단순한 개혁 대신, 잘못된 기초를 완전히 해체하고 하나님나라를 희망하며 새롭게 건축해야 한다는 소신을 행동으로 옮기기 위해, 느헤미야 동지들과 뜻과 행동을 함께 했다. 현재의 학문적 관심은 요한문헌과 복음서, 고린도서신과 요한계시록의 본문연구다. 그동안, 성서 본문에 기초하지 않는 신학이론과 세상과 단절된 성서 해석은 의미 없다고 생각하며 성서를 가르쳐왔다. 그래서 어떻게 하면, 한국교회의 무속성과 그 속에 만연된 문자주의와 근본주의적 성서해석을 극복할 수 있을지, 그리고 강의실에서 진행되는 성서해석이 어떻게 현실 사회에서 구체적으로 적용될 수 있

을지에 대해 여전히 관심이 많다.[38]

3. 김동춘

1959년 진도 출생으로, 청소년기에 친구의 전도로 교회에 다니기 시작했다. 기도생활을 통해 내적인 회심을 체험하고, 평생 복음을 전하며 살기로 결단하였다. 본래 보수적인 장로교 신앙에서 자라 총신대 신학과에 진학하여 로이드 존스와 찰스 스펄전을 즐겨 읽으며, 목회자의 길을 꿈꾸었으나, 교단적으로 극심한 교단분열과 80년 서울의 봄과 5.18 광주항쟁이라는 사회적 사건을 겪으면서 교회와 신학이 사회 현실문제에 해답을 주지 못한다는 생각 끝에 정치신학과 해방신학 등 현실참여적 신학으로 전향하게 되었다. 학생운동자로 낙인이 찍혀 어렵게 총신신대원에 진학하여 졸업하였다. 이후 독일로 유학하여, 처음에는 교회의 사회적 실천 학문으로서 디아코니아학을 잠시 공부하였으나, 애초의 공부 방향이었던 조직신학 전공으로 하이델베르크대학에서 "위르겐 몰트만의 공동체 개념에서 본 삼위일체적-생태학적 구원이해"라는 주제로 학위공부를 마쳤다.

귀국하여 학교에 자리 잡기까지 한국교회의 당면한 신학적 의제를 가지고 포럼과 강좌 및 세미나를 개최하는 아카데미 활동에 주력하였다. 여기서 사회적 제자도 과정이나 소수의 젊은 연구원을 양성하는 연구모임이 많은 보람이 있었다. 이후 국제신학대학원대학교에 전임교수로 임용되어 교수활동을 시작했으나 신학적인 이유로 학교생활이 그리 순탄하지 않았다. 다행히 학교와 느헤미야를 오가며 강의와 다양한 활동에 참여한 것은 은총의 시간이었다. 2017년에 학교를 사임하고 느헤미야의 전임연구위원과 학술부원장으로 부임했다.

지난 10년간 조직신학과 윤리학을 넘나들며 강의했고, 도서관장으로 도

---

38) 조석민 교수와 서면으로 진행한 인터뷰(2021. 8. 14)를 토대로 작성.

서관 발전에 크게 기여했다. 느헤미야의 새로운 과정이 개설될 때마다 신학적 틀을 마련하는 책임을 도맡았고, 그동안 느헤미야 이름으로 발표된 여러 성명서를 손수 기안했다. 기독교 신앙과 복음이 현실과 삶의 자리에서 '실재하는' 학문이 되는데 관심을 갖고 있다.[39]

4. 김형원

1963년에 서울에서 출생하고 성장한 서울 토박이다. 할아버지와 할머니 두 분 모두 감리교 목사였고, 아버지와 어머니가 장로교 장로와 권사인 집안에서 태어났다. 자연스럽게, 어릴 때부터 교회를 중심으로 신앙적 분위기에서 성장했으며, 세례를 받은 15세 무렵부터 그리스도인으로서의 정체성이 명확해졌다. 배재고등학교를 졸업하고 서울대학교 경영학과에 진학했으나, 전공 공부보다 다양한 선교단체와 교회 활동에 더 열심을 냈다. 대학 졸업 후 MBA 유학을 준비했지만, 깊은 고민과 몇 번의 방향 전환을 거친 후 총신대학교신학대학원에 입학했다. 졸업 후, 미국 고든콘웰신학교로 유학하여 기독교사회윤리 전공으로 신학석사Th.M 학위를 받았고, 보스턴대학교 신학부에서 사회윤리로 신학박사Th.D. 과정을 시작했으나, 최종적으로 트리니티복음주의신학대학원에서 조직신학 전공으로 박사학위Ph.D.를 받았다. 박사 논문 제목은 "A Proposal for the Use of the Bible and Cultural Resources in Constructing a Theology in an Asian Context with Special Reference to the Theologies of Song and Lee"였다.

유학에서 귀국한 후 하.나.의.교회를 개척했다. 목회와 신학교 강의를 병행하면서, 성서한국운동을 포함한 여러 단체와 운동에도 관여했다. 유학 시절 때부터, 김 교수는 한국교회의 다양한 문제의 핵심에 신학의 부재가 자리 잡고 있

---

39) 김동춘 교수와 서면으로 진행한 인터뷰(2021. 8. 17)를 토대로 작성.

으며, 신학교육이 목사 양성뿐만 아니라 모든 그리스도인들에게 필요하다고 생각했다. 귀국 후, 이와 관련된 활동을 하고 싶은 생각이 있었기에, 비슷한 생각을 하고 있던 동지들을 만나자마자 의기투합이 되었다. '기독연구원 느헤미야'를 결성했고, 초기 멤버로 참여했다. 박득훈 교수의 사임 후, 어려운 시기에 원장직을 맡아 지난 10년간 느헤미야의 토대를 놓은데 기여했다. 특히, 하.나.의.교회에서 담임목회를 하면서 느헤미야 사역을 병행했는데, 강의와 행정뿐 아니라, 재정적 부담까지 감당하며 오랫동안 수고했다. 지금은 양 극단으로 대립된 정치, 사회, 신학 지형에서 조화와 균형을 정립하기 위한 신학적 탐색, 탈교회 시대에 교회의 정체성과 사명의 재정립, 탈윤리 시대에 전통적 윤리에 대한 재평가를 토대로 기독교 윤리의 재정립에 학문적 관심을 집중하고 있다.[40]

5. 권연경

1965년, 경남 함양군에서 태어났으나 어려서 부산으로 이주하여 초중고를 다녔다. 독실한 믿음의 가정에서 태어나서, 평범한 주일학교 교육을 받으며 모범적인 아이로 자랐다. 동시에, 어려서부터 교회와 신자들의 이중적인 모습에 상처를 받으며 비판적 태도를 갖게 되었다. 고등학교와 대학교 시절, 전도사님이나 목사님과 자주 충돌하기도 했고, 학교에서도 선생님과 자주 부딪히며 고등학교 2학년 때 심각하게 중퇴를 고민하기도 했다. 외면적으론 모범 청년의 모습이었지만, 내면적으론 기성세대와 물려받은 신앙에 대해 회의감이 깊어지면서 힘겨워했다. 하지만 대학 3학년 때, 별 이유 없이 자고 나서 새 사람이 되었다. 이후 부정적이고 회의적인 태도를 상당 부분 덜어내고, 좀 더 적극적인 신앙인으로 변하기 시작했다. 가히, 권연경의 "코페르니쿠스적 전회"라 할만했다.

---

40) 김형원 교수와 서면으로 진행한 인터뷰(2021. 8. 18)를 토대로 작성.

브니엘고와 서울대 영문학과를 졸업했으며, 이후 미국에 유학하여 고든콘웰신학교를 거쳐 풀러신학교에서 목회석석사M.Div.를 마쳤다. 이어서 예일대학교 신학대학원에서 신학석사S.T.M., 런던 킹스칼리지에서 박사학위Ph.D.를 취득했다. 갈라디아서의 종말론을 주제로 박사학위 논문을 썼는데, 이 논문이 200년 WUNT 시리즈에서 단행본으로 출판되었다. 2001년 귀국한 후, 웨스트민스터 신학대학원대학교와 안양대를 거쳐, 현재는 숭실대 기독교학과에서 가르치고 있다. 교회의 위선적 모습, 신자들의 영적·신학적 무기력함, 목회자 중심의 교회와 신앙의 한계를 경험하면서, 성도들의 공동체로서 새로운 패러다임의 교회를 모색해야한다는 필요성에 공감하며 느헤미야와 함께 하게 되었다.

교회의 위선, 신앙적 고백과 삶의 괴리에 대한 경험과 고민은 이후 신학자/성서학자로서 권연경 신학의 가장 중요한 화두가 되었다. 박사학위 논문과 이후 바울 및 신약전반에 관한 연구나 저술도 대부분 삶으로 드러나는 신앙의 중요성을 염두에 둔 것이다. 아울러 "현재성"에 고착되는 경향을 보이는 시대적 흐름과 달리, 신앙/구원의 미래적 지평의 근원적 중요성을 부각시키는 데도 관심이 많다.[41]

6. 김근주

1966년, 대구에서 출생하여 초중고까지 그곳에서 다녔다. 고등학교 1학년 때 친구의 전도로 합동 소속 교회에서 신앙생활을 시작했다. 성경읽기와 기도생활의 가치를 깨닫고 훈련한 소중한 시간이었다. 한편, 1985년 서울대학교 경제학과에 진학한 후, 사회와 이웃, 현실의 구조적 불의를 직시하면서 하나님나라가 예수 그리스도를 구주로 고백하는 신앙, 그리고 불의와 맞서 모든 이를 향한 주님의 사랑과 은혜가 다스리는 나라임을 깨달았다. 동시에, 신구약 성경이

---

41) 권연경 교수와 서면으로 진행한 인터뷰(2021. 9. 16)를 토대로 작성.

단지 기독교의 성경만이 아니라 인류를 향한 하나님의 뜻이 드러난 책임을 알게 되었다. 특히, 구약성경에 대한 경시가 한국교회의 근본적인 문제임도 어느 정도 인지하게 되었다. 그래서 장래에 신학을 공부한다면 구약을 공부하기로 다짐했다. 대학 졸업 후, 장신대에서 목회학석사M.Div.와 신학석사Th.M. 과정을 마쳤고, 영국 옥스퍼드대학교에서 구약전공으로 박사학위를 받았다. 박사학위논문에선 '칠십인경 이사야서에 나타난 애굽 디아스포라의 신학'을 다루었다.

유학을 마치고 귀국한 이후, 웨스트민스터신학대학원대학교의 구약학 교수로 임용되었다. 한국교회에서 벌어지는 이기주의, 사회적 무관심, 성경해석의 편향성과 편협성, 아전인수에 대해 문제의식을 느끼던 중, 성서한국대회에 참여하며 느헤미야의 시작에 관련된 분들과 만났다. 서로 교제하며 뜻을 모으던 가운데, 우리 신앙에 대한 신학적 접근과 교육이 모든 그리스도인에게 필요하다고 의견이 일치되었다. 결국, 이를 나누고 전할 교육기관의 필요성에 공감하여 교수진에 합류했다. 느헤미야의 설립 준비과정뿐 아니라, 설립 이후 지난 10년 간 김교수의 활약은 눈부셨다. 탁월하고 흥미진진한 강의뿐 아니라, 다양한 방식으로 학생들을 돌보았다. 정규 수업 외에도, 전국과 해외를 넘나들며 수많은 사람들에게 강의했고, 베스트셀러가 된 여러 권의 책도 집필했다. 최근에는 에스겔서, 포로기를 맞이한 현실에서 예언자는 어떻게 현실을 이해하는지, 그리고 이 참혹한 현실 너머 어떤 미래를 기대하는지에 대해 고민하며 연구하고 있다.[42]

7. 배덕만

1968년, 서울에서 출생했으나 초등학교 6학년 때 인천으로 이사하여 1997년 미국 유학을 떠나기 전까지 살았다. 초등학교 시절부터 교회에 다녔지

---

42) 김근주 교수와 서면으로 진행한 인터뷰(2021. 8. 11)를 토대로 작성.

만, 인천으로 이사한 직후 성결교회에 출석하면서 성결교인이 되었다. 교회생활이 너무 즐거워서 중학교 2학년 때 장차 목사가 되겠다고 서원했지만, 고등학교 2학년부터 신앙적 질문들에 휩싸이면서 서울대학교 종교학과에 진학했다. 그런데 종교다원주의를 전제로 한 종교학 수업과 마르크스주의가 팽배한 대학 생활에 제대로 적응하지 못해 거의 신앙을 잃었다. 그런 상태에서 참석한 온누리교회의 〈경배와 찬양 수련회〉에서 극적으로 회심하고 신앙을 회복할 수 있었다. 대학 졸업 후, 서울신학대학교 신학대학원에 진학하여 목회학 석사 과정을 마쳤고, 이어서 예일대학교 신학대학원과 드류대학교 대학원에서 미국종교사 전공으로 신학석사학위S.T.M.와 박사학위Ph.D.를 취득했다. 박사학위 논문 제목은 "Social Implication of Eschatology in the Pentecostal-Charismatic Movement in America"였다.

2004년에 귀국하여 여러 대학에서 강의하다, 2006년부터 대전의 건신대학원대학교구. 복음신학대학원대학교에서 10년간 근무했다. 이때, 주사랑교회 담임목사로 섬길 기회도 얻었고, 성서대전 대표로도 일할 수 있었다. 특별히, 현대기독교아카데미, 청어람, 성서한국에서 강의하면서, 자연스럽게 복음주의적 입장에서 사회적 책임을 실천하는 사람들과 만날 수 있었고, 그 무렵, 기독연구원 느헤미야의 설립에 함께 해달라는 요청을 받았다. 그리고 주저 없이 동참했다. 강의를 위해 일주일에 한 번씩 느헤미야를 방문하다. 결국, 2016년 대전 사역을 정리하고 전임연구위원으로 신분을 바꾸었다. 지난 10년간 느헤미야에서 교회사 과목을 전담하며, 교무처와 학생처를 번갈아 담당했다. 지금은 느헤미야 사역과 백향나무교회 담임목회를 병행하고 있으며, 한국과 미국의 근본주의 현상, 21세기 기독교의 주된 흐름으로서 은사주의운동, 하나님나라와 교회사 등에 대해 계속 공부하고 있다.

8. 전성민

1970년, 서울에서 출생하고 성장했다. 금란교회 개척자인 최중련 목사가 그의 외조부다. 순탄했던 그의 삶에 중요한 전환점이 된 것은 1988년 부친의 죽음이다. 2년간의 암 투병 끝에, 부친께서 세상을 떠난 것이다. 이 고통스런 과정을 통과하며, 전 교수는 삶과 죽음, 신앙에 대해 진지하게 성찰하기 시작했다. 대학 생활 중, 사랑의교회 대학부 수련회를 통해 진정한 회심을 체험했고, 이후 대학부에서 다양한 역할을 맡으며 열심히 봉사했다. 서울대학교 수학과에 입학한 후, 신앙과 사회의 관계에 대해서도 고민이 깊어져서, 서울대기독인연합운동과 기독노래운동 뜨인돌에도 활발히 참여했다.

대학 졸업 후, 1994년 캐나다 밴쿠버의 리젠트칼리지에서 성서언어M.C.S.와 구약학Th.M.을 공부했다. 이때 구약과 윤리에 대한 관심이 깊어져, 영국 옥스퍼드대학교에서 구약전공으로 박사과정을 시작했다. 그가 쓴 박사학위 논문 "Toward an Ethical Reading of Old Testament Narrative: a Literary and Discourse-Analytical Approach Concentrating on Passages from the Books of Kings"은 2014년 옥스퍼드대학출판부에서 *Ethics and Biblical Narrative: A Literary and Discourse-Analytical Approach to the Story of Josiah* 라는 제목으로 출판되었다. 한국인 최초로 말이다.

전 교수는 사랑의 교회 경험과 리전트 칼리지 수학을 통해 하나님의 온 백성을 위한 교육에 대해 확신하고 있었고, 웨스트민스터신학대학원에 재직할 때에도 이런 목적의 과정을 만들고 가르쳤다. 이런 상황에서 웨신대 사태가 발생하고 느헤미야 설립이 추진되자, 처음부터 적극적으로 참여했다. 2013년 9월, 캐나다의 밴쿠버기독교세계관대학원으로 자리를 옮기기까지, 그는 느헤미야를 위해 중요한 역할을 탁월하게 담당했다. 물론, 이후에도 초빙연구위원으로 지금까지 느헤미야와 함께 하고 있지만, 그의 빈자리가 늘 아쉽다. 여전히, 구약윤리에 대한 관심을 유지하면서, "기독교세계관"의 유효함과 의미를 한국의 상황에서 탐구 모색 중이다.[43]

9. 권지성

1978년, 부산에서 태어나고 성장했다. 조부모부터 시작된 기독교 가정에서 태어나 교회에 다녔지만, 중학교 이전까지는 형식적인 신앙에 머물렀다. 하지만 중학생 시절, 선배의 전도로 예수를 주와 그리스도로 영접한 후, 그의 삶은 극적으로 변했다. 교회에서 소그룹 성경공부모임을 시작했고, 학교에서는 전도모임과 SFC활동에도 적극 참여했다. 무엇보다, 부모님과의 관계가 극적으로 개선되었다. 부산가야고등학교를 졸업한 후 한국항공대학교에 진학했으나, 학과 공부와 함께 한국대학생선교회CCC 활동에도 최선을 다했다. 학교를 휴학하면서 미국과 멕시코에 단기선교를 다녀올 정도로 말이다. 이 시기에 김준곤 목사의 설교를 통해 민족복음화, 세계선교, 미전도종족선교, 북한선교에 대해 큰 도전을 받았다.

이후, 광주과학기술원에서 석사과정을 밟는 동안에도 세계선교에 대해 계속 기도했다. 군복무 대신 삼성관계사에서 전문연구요원으로 4년간 근무했으며, 이 기간 동안 신촌예수가족교회에 출석하며 신학을 공부했다. 특히, 존 파이퍼와 조나단 에드워즈의 우주적·하나님 중심적 세계관이 그의 신학공부에 결정적인 영향을 주었다. 삼성에서 일을 마무리 할 즈음, 성경교사로서 소명을 발견하여, 결혼과 함께 미국의 트리니티복음주의신학교에서 목회학석사과정을 시작했다. 졸업 후, 영국 더럼대학교에서 구약전공으로 박사학위과정을 시작했으

---

43) 전성민 교수와 서면으로 진행한 인터뷰(2021. 8.20)을 토대로 작성.

며, "Intertextuality and Scribal Culture: Literary and Historical Relationships between Job and DeuteroIsaiah"란 제목의 학위논문을 썼다. 이 논문은 2016년에 독일의 Mohr Siebeck 출판사에서 *Scribal Culture and Intertextuality: Literary and Historical Relationships between Job and Deutero-Isaiah*란 제목으로 출판되었다. 권 교수는 학위취득 후 스위스의 취리히대학과 로잔대학교에서 연구교수로 연구를 이어갔다.

2016년, 학위를 마치고 귀국하여 대학에서 강의하며 새물결출판사와 아카데미에서 일했다. 이때, 스위스 연구교수로 떠나기 직전, 김근주 교수를 만나 느헤미야 강의를 부탁 받았다. 당시에는 이미 스위스로 갈 예정이어서 이에 응하지 못했다. 잠시 한국을 방문했을 때 느헤미야에서 한 학기 전도서 주해과정을 강의할 수 있었고, 그때 느헤미야로부터 전임연구위원 제안을 받았다. 유럽에서 전문연구자로 일할 기회가 있었지만, 남은 생애 동안 한국교회와 개혁을 위해 자유롭게 가르치고 싶은 열망이 훨씬 더 컸다. 결국, 2020년 봄 학기부터 느헤미야에 합류했다. 느헤미야의 다음 세대를 이끌어갈 학자로서, 구약성경의 인터텍스츄얼리티, 지혜문헌, 페르시아 시대의 서기관 문화, 신명기와 역사서 등에 관심을 집중하며 연구하고 있다.[44]

10. 고상환(사무처장)

1969년, 충남 논산에서 태어났다. 감리교 목회자 가정에서 출생하여 모태신앙으로 성장했으나, 아버지의 임지가 자주 바뀌면서 전학도 잦았다. 그 결과, 친구도 제대로 사귀지 못한 채 유년시절을 보내야 했다. 중학교 3학년 때, 아버지가 목회를 중단하여 가족 모두가 상경했다. 서울에서 대광중과 양정고를 다녔

---

44) 권지성 교수와 서면으로 진행한 인터뷰(2021. 8. 18)을 토대로 작성.

고, 서울시립대 법학과를 졸업했다. 목회자 가정에서 모태신앙으로 자랐기에, 어려서부터 교회생활에 열심이었다. 고등학교 졸업 무렵, CCC 출신인 형의 영향으로 주님을 인격적으로 영접할 수 있었고, 대학시절에도 CCC에서 신앙생활을 했다. 군 제대 후부터 대학 졸업 후 1년까지 군선교사역포도원편지에 헌신했고, 계속 선교사역에 전념하고 싶은 소망도 있었다. 하지만 결혼과 함께 회사에 입사하며 평신도 사역에 헌신하게 되었다. 특히, 2000년, 섬기던 교회의 분란으로 교회개혁운동에 눈을 뜨면서 사회선교운동에까지 관여하기 시작했다.

2006년부터 2년간 웨스트민스터신학대학원에서 현재 느헤미야의 모태과 된 과정을 공부하면서 느헤미야 교수들을 만났다. 이를 계기로 새로운 신학운동에 대한 소망을 갖게 되었다. 결정적으로, 2009년 명지대용인에서 열린 성서한국 전국대회에서 이들과 함께 대안신학운동에 대해 의견을 모을 수 있었다. 결국, 기독연구원 느헤미야의 설립과정부터 사무처장으로 행정 업무를 총괄했다. 그는 가정과 직장이 있는 화성에서 서울을 오가며 느헤미야의 온갖 사무를 처리했다. 일주일에 반 이상을 퇴근 후 서울까지 자동차로 달려와서, 사무처 업무 외에, 야간에 진행되는 수업을 보조하고 학생들을 만났다. 그리고 늦은 시간까지 교수들과 회의를 진행했다. 느헤미야 사역의 지평이 확장되면서, 고상환 처장은 서울, 대전, 대구, 부산, 광주를 넘나들며 사람들을 만나고 행사와 조직을 꾸리면서, 느헤미야 운동이 현실화되는데 결정적으로 기여했다. 느헤미야 교수들 모두가 헌신하고 수고했지만, 고상환 처장이 없는 느헤미야를 생각할 수 없다.[45]

---

45) 고상환 처장과 서면으로 진행한 인터뷰(2021. 8. 17)을 토대로 작성.

제4장 · 변화

1. 공간

느헤미야는 2010년 3월 2일 서울영동교회정현구 목사 담임, 서울시 강남구 논현2동 소재 디모데홀에서 기독교학입문과정의 첫 수업을 시작했다. 이곳에서 12주간 매주 화요일과 목요일 저녁 7시부터 10시까지 수업이 진행되었다. 하지만 교회 측의 배려와 협조에도 불구하고, 이곳에서 강의를 지속하는 것은 여러 가지 현실적인 이유로 어려움이 많았다. 그래서 가을 학기부터 강의 장소를 동교동에 소재한 하.나.의.교회김형원 목사 담임로 옮겼고, 한동안 이 교회 중고등부실을 느헤미야 사무실로 사용했다.[46] 이때부터 느헤미야의 동교동 시대가 시작된 것이다. 하지만 하.나.의.교회에서 한 학기 동안 강의를 진행하면서, 느헤미야만의 자체 공간을 확보하기 위해 꾸준히 노력했다. 그 결과, 2010년 10월, 에이원빌딩신촌로40 2층 전체를 2년간 임대할 수 있었다. 비용은 하.나.의.교회와 절반씩 부담했다.[47] 물론, 하.나.의.교회와 공간을 공유해야 했고, 재정적으로도 완전히 독립하지 못했지만, 느헤미야만의 교육공간이 확보된 것이다. 이곳에서 4년을 보내면서 느

---

[46] 「2010년 8월 상임위원회 회의록」 (2010. 8. 22), 3-4.
[47] 「2010년 10월 상임위원회 회의록」 (2010. 10. 6), 1. 이 과정에서 IVF 학사 출신 권도균 대표의 후원이 큰 힘이 되었다. 또한, 하.나.의.교회는 설립부터 현재까지 느헤미야의 든든한 후원자 역할을 감당하고 있다.

헤미야의 터를 닦았다.

2014년에 느헤미야는 또 한 번 공간을 이전해야 했다. 그동안 건물주의 갑질과 남녀가 분리되지 않은 화장실이 지속적으로 갈등과 불편을 야기했다. 그래서 이런 문제들을 해결할 공간이 절실하고 긴급히 필요했다. 다시 적합한 공간을 찾기 위해 기도와 시장조사, 자금 마련의 노력이 시작되었다. 드디어 구미빌딩신촌로2길5-15 2층과 3층을 임대하여, 10월 11일에 이사했다.[48] 2층에는 사무실, 교수연구실, 소강의실을 마련했고, 3층은 대강의실 겸 도서실로 사용했다.

한편, 기독교학입문과정과 함께 느헤미야가 출범했지만, 세월이 흐르면서 과정이 꾸준히 증가했다. 특별히, 신학연구과정을 시작하면서 김근주, 배덕만, 김동춘 교수가 전임연구위원으로 차례로 부임했고, 기존의 교수연구실은 비좁고 협소해졌다. 따라서 전임 연구위원들과 강사들을 위해 보다 넓은 공간이 필요해졌다. 2016년 8월 말, 구미빌딩 1층 주차장 뒤에 있는 공간을 추가로 임대하여 교수연구실과 강사휴게실을 마련했다.[49] 이로써, 강의실과 사무실이 공존하고 수많은 사람들이 수시로 출입하는 공간에서 수업 준비와 개인 연구를 수행해야 했던 교수들이 보다 연구에 집중할 수 있는 공간이 확보된 것이다. 이것은 느헤미야가 교육·연구기관으로 모양을 갖추어가는 과정에서 중요한 발전을 이룬 것이다. 이 공간을 마련할 때, 이원근·김석주 이사가 비품을 후원해주었다.[50]

2019년은 또 한 번 중요하고 의미 있는 공간의 이동과 재구성이 이루어진 해다. 설립 이후 느헤미야 수강생과 교직원 수가 꾸준히 증가했다. 느헤미야가 주최하는 행사와 활동도 크게 늘었다. 기증과 구입을 통한 도서의 양도 급증했다. 무엇보다, 1층 주차장 뒤에 위치한 교수연구실이 자동차 배기가스로 인해 연

---

48)「2014년 7차 연구위원회 회의록」(2014. 9. 26), 6-7.
49)「2016년 6차 연구위원회 회의록」(2014. 7. 24), 8.
50)「2017년 이사회 정기총회 자료집」. 5.

구공간으로 부적합했다. 고민 끝에, 구미빌딩 옆에 위치한 황해빌딩 3층을 임대하여 교수연구실과 회의실, 사무실을 마련했다. 기존의 구미빌딩 3층은 대강의실, 도서관, 남학생 휴게실로, 2층은 학생전용 독서실, 소강의실, 여학생 휴게실로, 그리고 1층은 세미나실과 학생라운지로 재조정하고 인테리어 공사도 마무리했다.[51] 이를 위해서도 적지 않은 비용이 필요했으나, 여러 후원자들의 정성어린 도움으로 무사히 이사와 내부공사를 완료할 수 있었다.

2020년에는 황해빌딩의 교수연구실에 새로 부임한 권지성 교수의 연구실을 마련하기 위해, 다시 한 번 기존 공간을 분할하는 공사가 진행되었다. 이때 새로 부임하는 권 교수를 위해 김형원 원장이 자신의 연구실을 비우고, 기존의 회의실을 1/3 축소하여 만든 공간으로 옮겼다.[52] 당시에 재정적 한계로 새로운 공간을 별도로 임대할 수 없는 상황에서 원장의 양보와 배려로 쉽지 않은 문제가 해결된 것이다. 이것은 두고두고 느헤미야 교수 사이에서 미담으로 기억될 것이다.

2. 캠퍼스

2010년에 시작된 입문과정은 이후 5년 동안 서울에서 오프라인 강의를 진행했다. 물론. 처음부터 특강을 DVD로 제작하여 판매하고, 비메오를 통해 온라인 입문과정도 함께 진행했다. 하지만 여러 이유로 현장 강의는 서울에 한정될 수밖에 없었다. 그럼에도, 전국에서 느헤미야에 대한 관심과 강의 요청이 꾸준히 증가하면서, 지방에서 입문과정을 시작해야 할 필요성이 계속 고조되었다.

---

51)「2020년 이사회 총회 자료집」, 9.
52)「2020년 2차 연구위원회 회의록」(2020. 2. 20), 3.

결국, 이런 필요를 해결하기 위해, 성서대전의 적극적인 협력 하에 2016년 1월 30일토 대전시 유성구에 위치한 '함께하는교회'에서 신학캠프와 대전캠퍼스 개원식을 함께 진행했다.[53] 이 과정에서 성서대전 사무국장 김신일 목사와 대전캠퍼스 초대 사무국장 하상호 목사가 개원에 힘을 쏟았고, 추후 김제룡 목사가 바톤을 이어받아 사무국장직을 성실히 감당하고 있다. 무엇보다 무상으로 공간을 사용할 수 있도록 배려해 준 김요한 목사와 교우들에게 큰 빚을 졌다. 그리고 3월 3일화 저녁, 첫 수강생 48명으로 대전 입문과정이 시작되었다.[54] 학생들은 대전뿐 아니라, 청주와 전주 등지에서 등록하고 수업에 참여했다. 대부분 직장생활을 하기에, 퇴근 후 피곤을 무릅쓰고 먼 길을 달려와 늦은 밤까지 강의를 들었다. 후에, 대전 지역에서 일부 강사들을 초빙하여 본교 교수들과 짐을 분담하게 되었지만, 느헤미야의 모든 교수들이 순서대로 서울에서 강의를 마치고 KTX로 이동하여 대전에서 강의를 진행했다. 귀가하면 자정이 한참 지났다. 그럼에도, 지금까지 본교 교수들 전원이 대전 강의에 참여하고 있다.

2017년부터 본격적으로 입문과정의 온라인 수업이 시작되었다. 첫 수강생은 24명이었다.[55] 온라인 과정은 지방이나 해외에 거주하거나, 개인사정으로 현장 수강이 불가능한 상황에 있는 사람들을 위해 일단 목요일에만 개설했다.[56] 해를 거듭할수록 이 과정의 등록자 수가 급증했다. 이런 변화는 인터넷 환경이 개선되면서 온라인을 통한 수강에 익숙한 사람들의 수가 증가한 것과 비수도권 지역에 거주하는 이들에게 느헤미야의 존재 및 인지도가 확장된 결과로 보인다.

2018년에는 서울 강남과 부산에 캠퍼스가 추가되면서 입문과정의 지리

---

53) 「2017년 이사회 정기총회 자료집」, 4.
54) 「2017년 이사회 정기총회 자료집」, 6.
55) 「2018년 1차 정기이사회 자료집」, 6.
56) 「2016년 10차 연구위원회 및 퇴수회 회의록」(2016. 12. 16-17), 13.

적 범위가 크게 확장되었다. 서울의 경우, 동교동 캠퍼스가 강북과 인천, 일산 지역에 있는 분들에게 접근이 용이한 반면, 강남과 분당, 용인, 수원 등지의 사람들에겐 너무 멀었다. 그래서 '동네작은교회'^{김종일 목사 담임}가 운영하는 양재동의 '생각의 정원'에서 강남캠퍼스를 열고, 수강생 30명^{재6/신24}과 함께 입문과정을 시작했다.[57] 2019년부터는 역삼동에 소재한 백향나무교회^{배덕만 목사 담임}로 장소를 이전하여 지금까지 진행하고 있다. 동시에, 부산에도 캠퍼스가 개척되어 양정중앙교회에서 입문과정이 시작되었다. 부산캠퍼스 개척을 위해 부산에서 먼저 수차례 신학캠프를 개최하여 느헤미야의 존재를 홍보하고 부산지역 지인들의 협조를 요청했다. 이 과정에서 부산지역 목회자들이 큰 도움을 주었다. 특히, 느헤미야 전문과정 출신인 사무국장 이기척 목사와 부산에서 활동하던 이화정·손청근 목사, 이재안·엄정희 전도사의 헌신, 그리고 양정중앙교회 이대근 목사의 배려가 결정적인 도움이 되었다. 이런 수고와 도움 속에, 2월 24일^토 양정중앙교회에서 개원예배를 드렸고,[58] 3월 6일 등록생 23명과 함께 첫 수업을 시작했다. 강남캠퍼스의 경우, 수업이 목요일에 진행되고 교수들이 직접 현장에서 강의했다. 하지만 부산은 지리적 한계와 교수인력의 부족 때문에 온라인 방송으로 수업을 진행할 수밖에 없었다. 즉, 실시간으로 중계되는 서울 본교의 강의를 양정중앙교회에 모인 수강생들이 함께 화상으로 시청하고, 이후 그룹 토의를 진행하는 방식으로 말이다.

2019년에는 대구에도 캠퍼스가 새로 설립되었다. 위드교회 정민철 목사와 사무국장 최성훈 목사와 김정훈 팀장의 적극적인 준비와 협력으로 2월 28일 개원 예배를 드렸고, 등록한 37명의 신입생들과 3월 5일 입문과정 첫 수업을 시

57) 「2019년 이사회 총회 자료집」, 6.
58) 「2018년 3차 연구위원회 회의록」(2018. 4. 1), 2.

작했다.[59] 대구 캠퍼스도 부산과 동일하게 위드교회에 모인 수강생들이 인터넷 생중계로 수업에 참여했다. 신학적 정치적으로 보수적인 대구지역에서 느헤미야의 수업이 시작되고, 적지 않은 협력자들과 수강생들이 모였다는 사실 자체가 큰 의미를 지닌다.

3. 연구위원과 사무처

느헤미야는 최초 8명의 연구위원들로 시작했고, 박득훈 교수가 원장으로 선임되었다. 하지만 느헤미야 개원과 함께 교수의 신상에 중요한 변화가 연이어 발생했다. 먼저, 박득훈 교수가 담임하던 언덕교회를 사임하면서, 느헤미야 원장과 연구위원직도 동시에 내려놓은 것이다.[60] 개원 후 두 달 만에 발생한 충격적인 사건이었다. 그 결과, 교무처장 김형원 교수가 다음 총회 때까지 원장직을 대행했고, 2011년부터 원장으로 공식 취임하여 오늘에 이르고 있다.[61] 반가운 변화도 있었다. 2012년 7월 1일, 김근주 교수가 전임연구위원으로 부임한 것이다.[62] 웨스트민스터신학대학원대학교의 학내분규가 악화되면서, 김 교수가 느헤미야에 전념하기로 결단했기 때문이다. 이로써, 느헤미야에도 전임연구위원이 존재하기 시작했다. 이후, 배덕만 교수2016년3월1일, 김동춘 교수2017년3월1일, 권지성 교수2020년3월1일가 전임연구위원으로 계속 합류했다. 특별히, 권지성 교수는 느헤미야 역사 10년 만에 처음으로 새로 충원된 연구위원이다. 권 교수의

---

59) 「2020년 이사회 총회 자료집」(2020. 4. 16), 7, 9.
60) 「2010년 1기 운영위원회 회의록」, 3.
61) 「2011년 정기총회 자료집」, 2.
62) 「2012년 6월 연구위원회 및 퇴수회 회의록」(2012. 6. 24-25), 5.

합류는 느헤미야 세대교체의 중요한 분기점이 될 것이다.

한편, 박득훈 교수의 뒤를 이어 느헤미야를 떠나는 교수들도 있었다. 창립 과정부터 뛰어난 아이디어와 강의, 그리고 기획처장·교무처장 등 다양한 보직으로 느헤미야 토대를 놓은데 중요한 공헌을 했던 전성민 교수가 웨스트민스터 신학대학원대학교를 퇴직한 후, 2013년 6월말 캐나다의 '벤쿠버기독교세계관 대학원VIEW'으로 떠난 것이다.[63] 하지만 이후에도 초빙연구위원으로 느헤미야와 인연을 계속 이어왔다. 그리고 2020년 2월, 조석민 교수가 정년이 되어 은퇴했다.[64] 비록, 초빙연구위원으로 계속 느헤미야와 함께 하겠지만, 서운한 마음은 어쩔 수 없다.

교수들의 이동과 함께, 사무처 구성원 내에도 지난 10년간 적지 않은 변화가 있었다. 고상환 사무처장과 사무처에서 일할 간사로 성서한국의 김소영 간사가 2010년 2월 느헤미야에 합류했다.[65] 당시 느헤미야의 재정적 여건이 충분치 못하여 성서한국의 지원 하에 느헤미야의 협동간사로 동역을 시작했고, 9월부터 느헤미야의 전임간사로 신분이 변경되었다. 하지만 아쉽게도 2011년 2월 말에 대학원 진학을 위해 느헤미야 간사 직을 사임해야 했다. 김 간사 후임으로, 목원대와 연세대에서 신학을 공부한 김형욱 전도사가 3월 1일부터 제2대 간사로 느헤미야에 출근하기 시작했다.[66] 김형욱 간사는 교수들과 긴밀한 관계를 유지하며 다양한 영역에서 수고했는데, 미국 유학을 위해 2013년 8월 말 느헤미야를 떠났다. 그의 뒤를 이어, 기독교윤리실천운동의 박은애 간사가 9월부터 느헤미야의 사무를 담당했다.[67] 기윤실 업무인수인계 때문에 한 달간 파트로 근무한

63) 「2013년 6차 연구위원회 회의록」(2013. 6. 23-25). 1.
64) 「2020년 2차 연구위원회 회의록」(2020. 2. 20), 3.
65) 「기독연구원 느헤미야 설립준비회의 회의록」, 2.
66) 「2011년 2차 운영위원회 회의록」(2011. 4. 15), 1.
67) 「2013년 8차 연구위원회 회의록」(2013. 9. 15), 8.

후 10월부터 전임 사역을 시작했지만, 박 간사도 4개월만에 사임하고 말았다.[68] 이처럼, 느헤미야 초기에 사무 간사들의 인사이동이 빈번했고 불안정했다.

　　박 간사의 후임으로 CCC간사 출신의 배한나 간사가 부임하면서, 비로소 사무처의 행정과 인사가 안정되기 시작했다. 배 간사는 2014년 3월 1일 부임한 이후 지금까지 느헤미야의 사무처를 든든히 지키고 있다.[69] 한편, 느헤미야의 행정업무가 급증하면서 인원 보충이 절실히 요청되었다. 이를 위해, 2016년 2월 16일 성서한국의 송지훈 간사가 파트타임으로 느헤미야 사무처에 합류했다. 송 간사의 합류와 함께 배한나 간사는 사무처 팀장으로 승진했다.[70] 그런데 2017년부터 송 간사가 성서한국 전국대회 준비로 분주해지자, 그의 업무를 축소하고 입문과정 2기 출신 강화춘 집사를 파트 타임 간사로 채용하여 행정업무의 공백을 막았다.[71] 송 간사는 2018년 12월 말 성서한국으로 복귀하기 전까지 성서한국과 느헤미야를 동시에 섬기면서 느헤미야에 큰 도움을 주었다. 송 간사의 복귀 후, 강 간사가 전임으로 일하기 시작했다.[72] 그럼에도, 느헤미야 행정업무가 급증하면서 두 명의 간사만으론 온전히 감당하기 어려웠다. 그래서 행정 업무에 경험이 풍부한 박소영 집사를 2019년 2월 28일 파트타임으로 채용했고, 3개월 간 수습기간을 거친 후 전임으로 전환했다.[73]

---

68) 「2014년 1차 연구위원회 회의록」(2014. 1. 28-29), 6.
69) 「2015년 정기총회 자료집」, 6.
70) 「2016년 2차 연구위원회 회의록」(2016. 3. 12). 1.
71) 「2016년 10차 연구위원회 및 퇴수회 회의록」(2016. 12. 16), 13.
72) 「2018년 12월 연구위원회 및 퇴수회 회의록」(2018. 12. 21-22), 9.
73) 「2019년 1차 연구위원회 회의록」(2019. 1. 28), 10.

4. 법적 신분

느헤미야는 신학교육 기관이지만, 교육부의 인가를 받지 않은 상태에서 "임의단체" 신분으로 시작했다. 학교의 규모나 성격, 재정적 상황을 고려할 때, 교육부 인가를 받는 것은 불가능했고 또한 필요하지도 않았기 때문이다. 이런 상태에서, 느헤미야 후원금의 합리적이고 투명한 관리를 위해 '한빛누리 공익기금'의 도움을 받았다.[74]

하지만 느헤미야의 인적·**재정적**·제도적 규모가 예상보다 **빠른** 속도로 확장되었다. 2011년 입문과정에 등록한 17명의 학생들과 함께 시작했고, 그해 수입은 9,500만원이었다. 하지만 이후에 과정이 심화, 연구, 주해, 전문 등으로 발전했고, 캠퍼스도 서울에서 대전, 부산, 대구, 강남으로 확장되었으며, 현장 수강생 외에 온라인 수강생도 급증했다. 그 결과, 2017년도 수입이 39,000만원에 이르렀고, 수강생 수도 270여명에 달했다. 그런 과정에서, 2017년 〈느헤미야 교회협의회〉가 창립되어, 2019년부터 목사들을 배출하기 시작했다. 따라서 느헤미야가 더 이상 임의단체 신분에 머물 수 없다는 의견이 내부에서 진지하게 제기되었다. 그러면서 기독연구원과 교회협의회를 함께 아우르는 '사단법인'을 설립해야 한다는데 연구위원회, 이사회, 교회협의회 간의 의견이 일치되었다.

하지만 당시에 임의단체에서 사단법인으로 전환하기 위해선 최소 3억원의 기금이 필요했다. 비록, 느헤미야가 예상보다 **빠르게** 성장했지만, 그런 재정을 마련하는 일은 당시 느헤미야의 재정적 상황으로는 결코 쉬운 일이 아니었다. 교수들과 이사회, 교회협의회 내에서 사단법인 설립의 필요성과 정당성을 모두 공감 인정했지만, 기금마련의 방법과 가능성에 대해선 지혜, 용기, 확신 모두가

---

74) 「기독연구원 느헤미야 설립준비회의록」, 2.

부족했다. 한동안 그렇게 답답하고 안타까운 시간이 흘렀다.

오랜 숙고와 때를 기다린 끝에, 사단법인 설립을 위한 기금마련 캠페인을 시작하기로 결정했다. 사실, 느헤미야 설립 자체가 교수들의 어린아이 같은 믿음에 근거한 무모한? 도전이 아니었던가. 느헤미야의 지난 세월은 주님이 우리와 함께 하신다는 증거로 가득했다. 그분의 은혜와 축복 없이 어떻게 느헤미야가 지금까지 생존할 수 있었겠는가! 그런 기억들에 근거해서, 다시 한 번 합리적 계산과 판단을 내려놓고, 주님의 은혜와 후원자들의 사랑을 신뢰하기로 다짐했다. 이런 배경과 목적을 김형원 원장이 『뉴스앤조이』와의 인터뷰에서 다음과 같이 밝혔다.

그동안 법적으로 보면 느헤미야가 임의단체에 가까웠지만, 좀더 공신력을 가진 단체로 자리하는게 필요하겠다는 생각에 법인화를 추진하게 됐다. 구멍가게였던 느헤미야가 하나의 기업으로 변화하는 틀을 만든다고 보면 좋겠다. 종교법인화에는 3억원이라는 큰 돈이 들어간다. 3억은 우리에게 당연히 큰 산이다. 틀을 갖춰야겠다는 고민은 오래전부터 해 왔지만, 재정적 문제 때문에 고심하고 있었다. 2~3년의 고민 끝에 더는 미루기 어렵다는 생각이 들어 모금을 시작했다. 연말까지 3억이 모이면, 올 봄에 법인화 작업을 하고자 한다.[75]

일단, 그렇게 마음을 정하고 난 후부터 모금운동이 신속하게 진행되었다. 일시후원 성격으로 10만 원 이상 출자하면 법인 창립 회원이 될 수 있도록 하여, 3000구좌를 모아 3억 원을 마련하기로 했다. 모금 기간은 일차적으로 9월부터

75) 장명성, "성경 공부 안 하는 교회 없는데, 한국교회는 왜 이럴까-[인터뷰] 기독연구원 느헤미야 김형원 원장," 「뉴스앤조이」 (2018. 10. 27).

12월까지로 정했다. 이렇게 모금 방식과 기간을 설정한 후, 기존의 느헤미야 후원자들 뿐만 아니라, 익명의 준비된 후원자들을 대상으로 모금운동을 본격적으로 시작했다. 2018년 9월 10일, 기독연구원 느헤미야 이사장 강경민 목사와 원장 김형원 목사, 그리고 느헤미야 교회협의회 회장단 전남식, 배덕만, 한명석 이름으로 "사단법인 느헤미야 설립을 위한 회원 및 출자금 모금" 광고를 느헤미야 홈페이지, 페이스북, 트위터에 게재했다. 같은 내용이 뉴스앤조이 10월 4일와 크리스챤연합신문 10월 12일 등지에도 보도되었다. 그 광고를 여기 옮겨본다.

가칭사단법인 느헤미야 설립을 위한 회원 및 출자금 모집

한국교회와 성도들의 아픔 한복판에서 신학자들이 모여 〈기독연구원 느헤미야〉로 달려온 지 10년이 되어갑니다. 무너진 성벽을 보수하는 마음으로 힘을 모아주신 동역자들과 하나님의 은혜로 '하나님나라 구현과 한국기독교의 재구성'의 불씨를 피울 수 있었습니다.

설립 10년을 맞이한 우리는 〈느헤미야 교회협의회〉와 함께 「가칭사단법인 느헤미야」로의 전환을 시도하려 합니다. 이를 통해 투명하고 건강한 운영을 지속적으로 도모하고, 후원자와 후원교회에 원활한 행정처리를 제공할 것입니다.

서울시 종교법인 등록에는 100명 이상의 창립회원과 3억 원 이상의 기본재산이 수반되어야 합니다. 이에 함께 참여하고 지켜봐 주실 동역자가 필요합니다.

오랜 사랑과 동역의 감사함을 기억하고, 참여하는 손길에 부끄럼 없도록 고민하고 힘쓰겠습니다. 함께해주십시오.

목표액: 3억

기   간: 모금액 완료 시까지

방   법: 1구좌당 10만원, 총 3,000구좌 모금

2018년 9월 10일
기독연구원 느헤미야 이사장 강경민 원장 김형원
느헤미야교회협의회 회장 전남식 배덕만 한명석[76]

기독연구원의 교수, 직원, 학생, 이사, 후원자, 그리고 교회협의회 소속 교회들의 목회자와 성도들이 먼저 힘을 모았다. 뿐만 아니라, 전혀 예상치 못한 분들로부터 출자금이 속속 답지했다. 그 결과, 1차 모집 기간으로 설정했던 12월 31일까지 626명[17개 교회 포함]이 310,846,000원을 약정함으로써 목표한 금액을 달성할 수 있었다. 정말, 기적이었다.[77]

이후 '사단법인 느헤미야'를 설립하기 위한 구체적인 준비가 시작되었다. 김형원 원장과 고상환 사무처장이 수고를 도맡았다. 그들이 서울시청의 법인 승인을 위해 각종 서류를 만들고, 창립총회도 세심하게 준비한 것이다. 2019년 4월 27일 오전 11시, 하.나.의.교회에서 창립회원 124명, 이사 11명, 감사 1명이 모여 '사단법인 느헤미야 창립총회'가 개최되었다.[78] 그리고 2019년 5월 29일, 마침내 서울시청으로부터 사단법인 느헤미야가 '비영리 종교법인'으로 설립허

---

76) 최승현, "'기독연구원 느헤미야' 사단법인 추진, 창립 회원 모집-1인 10만 원씩 3000명, 12월까지 1차 모금," 「뉴스앤조이」 (2018. 10. 4).

77) 2019년 1월 24일까지 641명(31개 교회 포함)이 317,245,700원을 약정하고, 311,945,700원이 입금된 것으로 보고되었다. 「2019년 1차 연구위원회 회의록」 (2019. 1. 28), 9-10.

78) 「2019년 4차 연구위원회 회의록」 (2019. 5. 19), 1.

가를 받았다.[79] 이로써. 느헤미야는 설립 8년 만에 임의단체에서 사단법인으로 법적 신분이 변경되었다.

5. 재정과 후원

느헤미야는 특정 교단이나 교회의 재정적·법적 후원 속에 출발한 것이 아니라, 일군의 신학자, 목회자, 활동가들의 주도 하에 출범했다. 하루빨리 학생들을 만나고 싶다는 열망과 사명으로 시작한 운동이었다. 당연히, 안정된 재정적 토대나 확보된 후원자도 없었다. 2009년 12월 26일 회의록에는 느헤미야 최초의 수입이 다음과 같이 보고되었다.

총수입: 차입금 300만원 희년기금, 시드머니 130만원 최은상 100만원, 김형원 30만원, 신학캠프 6만원. 총 436만원

총지출: 244,990원

잔 액: 4,195,000원[80]

그리고 2010년 3월 20일 소집된 상임운영위원회에 제출된 재정보고에 따르면, 2010년 1월-2월 31일 사이에 다음과 같이 수입이 증가했다.

전년이월	4,204,610원
결산이자	597원

---

79) 「2019년 5차 연구위원회 회의록」 (2019. 5. 23), 1.
80) 「신학연구원 느헤미야 회의록」 (2009. 12. 26), 3.

시드머니	1,300,000원
후원금	6,100,000원 개인후원 5,200,000, 목적후원 900,000,
신학캠프 수입	2,174,000원 등록금 2,064,000원, DVD판매 110,000
기독교학입문과정 수입	6,340,000원 전형료 340,000, 수강료 6,000,000
총계	20,119,207원[81)

이처럼, 재정적 측면에서 느헤미야는 거의 "무소유"에서 출발했다. 지난 10년 동안 재정적으로 급격한 성장이나 안정된 상태에 있었던 적이 없다. 그럼에도 개원 2년차부터 느헤미야의 재정 규모는 꾸준히 증가했다.

먼저, 느헤미야는 2012년부터 핵심과정 입문-심화, 목회자 심화의 등록금을 무료로 전환하면서 1만 원 이상의 후원금을 받기로 정책을 변경했다.[82) 이후, 개인과 교회의 후원이 꾸준히 증가했다. 그 변화는 아래 표에서 확인할 수 있다.

연도	2010	2011	2012	2013	2014	2015	2016	2017	2018	2019	2020
개인	15	21	190	271	414	548	717	970	989	1051	1056
단체	1	6	7	15	19	23	27	27	36	40	31

또한, 느헤미야의 과정과 캠퍼스가 지속적으로 확대되면서, 느헤미야의 수입도 병행해서 증가했다. 동시에, 느헤미야 수강생이 증가하면서 이에 비례하여 전임교수와 강사, 사무직원의 수가 증가했고 당연히 인건비도 급증했다. 강의실, 사무실, 연구실도 확장해야 했기에, 건물유지비용도 크게 늘었다. 결국, 수

---

81) 「2010년 3월 상임위원회 회의록」(2010. 3. 20), 2-3.
82) 핵심과정의 등록금을 전면 무료화 하는 논의는 2011년 9월 16일-17일 진행된 연구위원회에서 최초 논의 되었고, 2012년 3월부터 전격적으로 실행되었다. 「2011년 7차 운영위원회 회의록」(2011. 9. 16-17), 6.

입의 증가와 함께 지출도 꾸준히 증가한 것이다. 지난 10년간 느헤미야 수입과 지출의 변화는 다음과 같다.

연도	수입	지출
2010	72,214,570	51,332,240
2011	95,248,934	83,358,415
2012	74,534,374	71,326,360
2013	95,562,799	90,965,420
2014	212,067,706	176,576,612
2015	289,382,215	232,790,185
2016	358,245,698	334,122,721
2017	397,882,179	416,487,441
2018	448,089,242	449,822,355
2019	499,753,408	470,485,854
2020	533,164,817	516,234,078

6. 도서실

느헤미야가 자체 공간 없이 지내던 시절에는 도서관 문제를 해결할 수 없었다. 비록, 대안적 신학교육을 표방하며 출발했지만 교육과 연구를 위한 공간 자체가 부재했기에, 교육기관에 필수적인 도서관을 마련할 여유가 없었던 것이다. 하지만 자체 공간을 마련한 후부터, 최소한의 도서를 구비해야 할 필요성이 제기되기 시작했다. 그럼에도, 도서관을 마련하는 것은 재정 부담이 대단히 큰 일이다. 따라서 먼저 도움을 청할 수 있는 출판사들에게 도서기증을 의뢰하기로 했다.

2012년 8월, JOY, IVP, 새물결플러스, 대장간, 홍성사, SFC, 크리스챤다

이제스트, 뉴스앤조이 등 느헤미야와 우호적인 관계를 맺고 있던 출판사들에게 기증을 요청했다.[83] 이런 요청에 대해, 같은 해 9월 크리스챤다이제스트와 뉴스앤조이가 가장 먼저 도서기증을 약속했다.[84] 2014년에는 대한기독교서회에서 500여 권의 책을 기증했고,[85] 2016년 9월에는 한국아나뱁티스트센터에서 재세례파운동 관련도서들을 보내주었다.[86] 뿐만 아니라, 도서출판 대장간은 느헤미야 초기부터 지금까지 느헤미야 교수들의 저서를 출판할 뿐만 아니라, 자신이 출판한 도서들을 꾸준히 기증하고 있다.[87]

출판사뿐 아니라, 개인기증도 계속 이어졌다. 2017년 학원복음화협의회 상임대표 권영석 목사가 미국으로 이주하면서 자신의 서재에 있는 수많은 책들을 느헤미야에 기증했고,[88] 저명한 역사학자이자 느헤미야 초빙연구위원이신 이만열 교수가 두 차례에 걸쳐 수백 권의 소중한 장서들을 기증해 주었다. 2020년에는 서원대 사회학과 교수였던 김성건 교수가 세상을 떠난 후, 유족들이 김 교수의 영문서적 다수를 한국종교사학회를 통해 느헤미야에 전달했다. 그 외에도 일일이 이름을 언급할 수 없는 여러 분들의 도움으로 느헤미야 장서가 지속적으로 증가하고 있다.

또한, 느헤미야는 자체적으로 신학서적들을 구입해왔다. 이 과정에서, 도서관장 김동춘 교수의 수고가 진가를 발휘했다. 조직신학자이자 신학서적 일반에 대한 해박한 지식과 정보를 갖고 있는 김 교수는 느헤미야 도서관의 발전을 위해, 끊임없이 신간과 중고서적을 막론하고 적절한 도서들을 찾아 구입했다.

---

83) 「2012년 8차 운영위원회 회의록」(2012. 8. 19), 1.
84) 「2014년 3차 연구위원회 회의록」(2014. 5. 11), 1.
85) 「2014년 9차 연구위원회 회의자료(서면보고)」, 1.
86) 「2016년 9차 연구위원회 회의록」(2016. 10. 23), 3.
87) 「2013년 정기총회 자료집」, 9.
88) 「2017년 4차 연구위원회 회의록」(2017. 3. 16), 10.

때로는 도서구입에 대한 김 교수의 열정 때문에 즐거운 비명(?)도 들렸지만, 10년이 지난 오늘날 느헤미야 안에 제법 면모를 갖춘 도서관이 존재하게 된 것은 오로지 김동춘 교수의 열정과 수고 때문이다.

제5장 · 정규과정

1. 기독교학 입문과정

입문과정은 느헤미야의 토대이자 핵심과정이다. 느헤미야가 평신도를 깨워 한국 기독교를 재구성한다는 비전을 품고 시작했기 때문이다. 2010년 3월에 시작할 당시, 총 4학기 동안 매 학기12주 4과목을 개설하여, 수강생이 8과목 이상을 수강해야 수료할 수 있도록 규정을 마련했다.[89] 이 과정은 직장과 일상생활의 신앙적 의미를 성찰하고자 하는 그리스도인, 전공연구의 신학적 토대를 놓고자 하는 대학원생, 기독교적 관점으로 일하고자 하는 기독전문인, 사역의 성경적·신학적 동력을 원하는 기독운동가 등을 교육의 대상으로 설정했다.[90] 그래서 입문과정 수강생들의 지원 자격을 대졸 이상으로 한정하고 물론, 신중한 검토를 통해, 예외적인 경우를 허용했다.[91] 현직 목회자나 신학 전공자들의 지원은 가급적 제한하기로 했다. 이 과정의 목적대로, 평신도들에게 신학의 기초지식을 제공하여, 각자의 자리에서 하나님나라에 대한 비전속에 독립적으로 사고하고 학습하며 행동하는 그리스도인을 보다 효과적으로 양성하기 위해서 말이다.

---

89) 「느헤미야 창립총회 자료집」, 16.
90) 고상환, "기독연구원 느헤미야'의 사역을 소개합니다-설립을 준비하며(3)," 「뉴스앤조이」 (2010. 1. 12).
91) 「느헤미야 창립총회 자료집」, 20.

그런 지원 자격을 갖추고 입학사정을 통과한 최초의 수강자 17명전체 수강 13명/화요 수강 2명/목요 수강 2명과 함께 '2010년 3월 2일 화요일 오후 7시 서울영동교회 디모데홀'에서 역사적인 첫 수업이 시작되었다. 입문과정은 12주 동안 화요일과 목요일 저녁에 각각 2과목씩 수업이 진행되었다. 화요일 1교시는 김동춘 교수의 '사회적 책임의 신학', 2교시는 전성민 교수의 '구약역사속의 하나님과 인간의 드라마'였다. 한편, 목요일 1교시는 조석민 교수의 '복음서와 예수의 가르침,' 2교시는 권연경 교수의 '오늘을 위한 바울의 복음'이 각각 진행되었다.[92]

2010년 2학기는 8월 31일에 시작되었다. 반면, 강의 장소가 마포구 창천동에 위치한 하.나.의.교회로 변경되었다. 기존 학생 중 2명이 휴학하고, 9명이 추가로 모집되어 총 24명전체 수강 12명/화요 수강 3명/목요 수강 9명의 수강생이 강의를 들었다. 가을학기에 개설된 강의와 강사는 다음과 같다.[93]

요일	과목	강사
화요일 1교시	하나님나라와 역사	배덕만
화요일 2교시	구약의 인생과 지혜	전성민
목요일 1교시	예언자의 일상과 영성	김근주
목요일 2교시	하나님과 그의 세상	김형원

입문과정은 신학에 대한 전前이해가 거의 없으며, 문자적·교조적 성서해석에 경도되어 있고, 이원론적 신앙영과 육, 성과 속 등과 내세 지향적·교회 중심적 신앙에 치우쳤던 평신도들에게 "하나님나라"의 관점에서 총체적 신앙과 영성을 교육하는데 모든 강의의 방점을 두었다. 그런 목적과 강조점을 표현하기 위해 과목명에 '하나님나라'를 포함시키려 했고, 비록 과목은 구약과 신약, 조직신학, 기독교윤리, 교회사로 각각 다르지만, 모든 수업에서 동일한 관점과 목적을 유

---

92) 「2011년 정기총회 자료집」 (2011. 2. 26), 11-2.
93) 「2011년 정기총회 자료집」, 12.

지하려고 강사들이 노력했다.

2년이 지난 2012년 1월 28일, 느헤미야 최초의 수료식이 열렸다. 지난 2년 동안, 각자의 학교에서 강의와 보직을 수행하면서 느헤미야를 위해 최선을 다해 강의했던 교수들과 각자의 직장에서 근무한 후 강의실로 달려와 '주경야독'을 지속했던 학생들의 수고가 결실을 맺은 감동적인 시간이었다. 이날 수료증을 받은 느헤미야 최초의 입문과정 수료자 명단은 다음과 같다.

> 곽명화, 권명재, 김동신, 김석주, 남백희, 박정숙, 박재현, 박철희, 이원근,
> 이재은, 전갑수, 정석구, 최경민.[94]

이들은 졸업과 함께 느헤미야의 실행위원으로 위촉되었으며, 새로 개설되는 기독교학 심화과정에 등록하여 느헤미야에서 학습을 계속 이어갔다. 초창기의 열악한 환경과 불투명한 미래에도 불구하고, 수업시간마다 열정적인 강의와 수강, 진지한 고민과 풍성한 나눔으로 강의실의 열기는 매우 뜨거웠다. 그때의 열정과 헌신이 이후 느헤미야의 10년을 가능하게 한 동력이고 토대였음에 틀림 없다. 지난 10년간 입문과정 수료자 현황은 다음과 같다.

연도	캠퍼스	수료자	연도	캠퍼스	수료자
2012	서울	13	2017	서울	1
2013	서울	7	2018	서울/대전	19/8
2014	서울	7	2019	서울/대전	11/5
2015	서울	8	2020	서울/대전/부산/대구/온라인	21/4/7/4/18
2016	서울	9			

---

94) 「2012년 정기총회 자료집」(2012. 1. 28), 1.

한편, 첫 수료자를 배출한 2012년부터 입문과정이 2년에서 1년으로 개편되었다. 동시에, 교과과정도 대폭 개정되어, 종전의 16과목이 8과목으로 축소되었다. 수업도 한 학기에 매주 네 과목화2,목2을 1, 2교시로 나누고 각 12주씩 진행하던 방식을, 한 학기를 전·후반으로 구분하고 매주 두 과목화1,목1을 6주간씩 진행하는 방식으로 변경했다.[95]

2. 기독교학 심화과정

기독교학 심화과정은 기독교학 입문과정 수료생과 신학의 기본과정 이수자, 혹은 타 아카데미/연구원 수강이력 보유자를 대상으로 개설되었다. 기독교학 입문과정의 수료자들이 배출된 2012년 3월에 입문과정 수료자 13명을 포함한 총 15명이 최초로 등록했다.[96] 지원대상자에 기존 입문과정 수료생과 신학교, 아카데미, 연구원 등에서 이미 신학의 기초과정을 마친 사람들을 포함시킨 결과, 심화과정에는 비록 소수지만 목회자들도 참여할 수 있었다.

강의 중심의 입문과정과 달리, 심화과정은 토론 중심의 세미나 방식으로 수업을 진행했다. 강의 주제와 내용도 각 전공별로 보다 구체적이고 현실적인 고민을 담을 수 있도록 배려했다. 주1회, 매학기 2과목전반6주, 후반6주, 총4학기 8과목을 수강하면 과정을 마칠 수 있도록 교과과정을 마련했다.[97] 2012년~2013년 동안 개설된 심화과정 과목과 담당교수는 다음과 같다.[98]

---

95) 「2012년 정기총회 자료집」, 3.
96) 「2013년 정기총회 자료집」(2013. 2. 8), 7.
97) 고상환, "새로운 신학 운동의 좌표 설정-기독연구원 느헤미야, 2012년 신입생 모집 및 신학 캠프 열어," 「뉴스앤조이」(2012. 2. 6).
98) 「2013년 정기총회 자료집」(2013. 2. 8), 6.

영역	과목	강사	영역	과목	강사
구약신학	예언과 역사	김근주	윤리학	일상과 신앙	김형원
	구약윤리	전성민		하나님나라의 경제윤리	박득훈
신약신학	복음서연구	조석민	역사신학	성령운동사	배덕만
	신약윤리	권연경	조직신학	사회적 교리	김동춘

한편, 지난 9년간 본교에서 진행된 심화과정 수강생 현황은 다음과 같다.[99]

연도	학기	수강생	연도	학기	수강생
2012	1/2	15/13	2017	1/2	13/10
2013	1/2	14/15(청강1)	2018	1/2	25/23
2014	1/2	6/9(청강1)	2019	1/2	18/18
2015	1/2	13/14	2020	1/2	26/24
2016	1/2	12/12			

심화과정의 첫 수료자가 배출된 것은 2014년 2월 8일 토이다. 느헤미야 강의실에서 개최된 정기총회 겸 수료식에서 곽명화, 권명재, 김석주, 박철희, 이연우, 이재은, 전갑수가 2년간의 과정을 무사히 마치고 최초의 심화과정 수료자들이 되었다.[100] 이들 대부분은 입문과정과 심화과정을 수료하여, 총4년 간 느헤미야에서 수학했고, 느헤미야 역사에 '최초의 입문·심화과정 수료생'으로 기록되었다. 이후 2020년까지 심화과정을 수료한 사람은 총27명이다.

---

99) 이 도표는 정기총회자료집(2013년-2021년)에 보고된 자료를 정리하여 만들었다.
100) 「2015년 정기총회 자료집」(2015. 2. 14), 4.

연도	2014	2015	2016	2017	2018	2019	2020
수료자	7	0	0	1	8	5	6

캠퍼스가 전국으로 확장되면서 지방에서도 입문과정 수료자들이 배출되기 시작했다. 최초의 지방 캠퍼스인 대전에서 2018년 2월 27일 입문과정을 수료한 8명 김대근, 김지환, 박두진, 박훈용, 오정희, 정미현, 조희준, 한은희이 최초로 수료증을 받았다. 이어서 같은 해 3월, 이들 중 다수를 포함한 총13명이 대전 캠퍼스 심화과정의 첫 수강생으로 등록하고 수업이 시작되었다.[101] 심화과정 수업도 입문과정과 같은 시간에 대전 '함께하는교회'에서 진행했다. 대전의 심화과정은 본교 교수들 외에 이성덕 배재대, 교회사, 정보라 건신대, 상담학, 윤석이 성민교회, 신약학, 최은영 여신협, 구약학, 이동호 배재대, 기독교윤리 같이 대전지역에서 활동하는 신학자들도 강의를 맡아주었다.

대전 심화과정 수강생 현황

연도	학기	수강생
2018	1/2	13/12
2019	1/2	15/17
2020	1/2	15/9

---

101) 「2019년 이사회 총회 자료집」 (2019. 4. 15), 5-6.

3. 목회자 심화·성경주해·전문과정

느헤미야는 처음부터 "목회자와 성도가 아름답게 동역하는 모습을 만들어 갈 것이다. 이를 위해 목회자와 성도를 아우르는 하나님의 온 백성을 대상으로 하여 신학교육을 제공할 것이다"고 자신의 설립 취지를 천명했다.[102] 이런 목적을 성취하기 위해, 먼저 성도들을 위한 입문과정을 시작했고, 이어서 목회자들을 대상으로 '목회자 심화과정'이 2011년 겨울부터 개설되었다.

이 과정은 목회자들의 현실을 고려하여 강의 일정과 과목을 결정했다. 일단, 수강자격을 목회학석사M.Div. 이상의 학력과 그에 준하는 과정 수료자로 한정했다. 수업은 대부분의 목회자들이 휴식하는 월요일 오전 10시~오후 4시에 진행했으며, 여름과 겨울에는 6주간의 특강을, 봄과 가을에는 12주의 정규과정을 열었다.

2011년 1월 10일부터 2월 21일까지 김근주 교수가 진행한 특강 "예레미야 주해와 설교"에 11명의 목회자들이 등록하여 첫 테이프를 끊었다. 이어서 3월 21일부터 12주간 진행된 봄학기 강좌는 전반 6주와 후반 6주로 나누어 전성민 교수주해와 설교와 황병구 교수관계중심 시간경영가 전반기 강의를, 송인규 교수목회자를 위한 평신도신학와 김응교 교수인문학과 현대기독교가 후반기 강의를 각각 담당했다. 이 봄학기 수강생은 모두 12명이었다. 그리고 9월 19일부터 8주간 오전과 오후로 진행된 가을학기에는 권연경 교수와 배덕만 교수가 강의를 맡아, 각각 "히브리서 주해와 설교"와 "성령운동과 교회의 역사"를 강의했다. 수강생 수는 오전 13명전체6+부분7, 오후 8명전체6,부분2이었다.[103]

2012년에는 강의 형식과 방법이 대폭 수정되었다. 강의 수와 시간, 기간을

---

102) 「느헤미야 창립총회 자료집」, 16-7.
103) 「2012년 정기총회 자료집」, 7.

축소한 것이다. 먼저, 1월 9일부터 김동춘 교수의 특강 "현대신학의 흐름"이 4주간 진행되었다. 이어서 3월 19일부터 4월 23일까지 박노훈 교수가, 5월 7일부터 21일까지는 김근주 교수가 매주 월요일 저녁에 "누가복음의 살림 비유"와 "스가랴가 본 환상"을 강의했다. 하지만 이후 심화과정과 신학연구과정이 시작되고 각종 특강이 연속적으로 진행되면서, 목회자 심화과정을 계속 유지하는 것이 현실적으로 점점 어렵게 되었다. 결국, 2012년을 끝으로 이 과정은 중단되고 말았다.[104]

　　한동안 중단되었던 목회자 심화과정은 2016년 '신학전문과정'이란 이름으로 부활했다. 1학기에 공동서신이형일, 제2성전기김근주, 한국개신교영성사배덕만 같은 과목을 개설했는데, 목회자들의 목회에 보다 직접적인 도움을 제공하기 위해 성서학 중심에 기타 과목을 첨가하는 방식으로 교과과정을 재구성했다.[105] 다음 해부터는 아예 기타 신학과목을 완전히 배제하고, 성서과목만 개설하기로 다시 방침을 바꾸었다. 과정 이름도 '성경주해전문과정'으로 변경하고 2년 4학기에 걸쳐 신구약 전체를 공부할 수 있도록 과목과 강사진을 조정했다.[106] 느헤미야 과정 중 오랫동안 시행착오를 거듭했던 '목회자 과정'이 마침내 방황을 끝내고 자기 자리를 찾은 것이다.

---

104) 「2013년 정기총회 자료집」, 8-9.
105) 「2015년 11차 연구위원회 및 퇴수회 회의록」, 13. 이 과정은 월요일 12주 체제로 구성하고, Th. M. 수준의 세미나나 강의를 진행하기로 했다. 동시에, 당시 심화과정 중인 목사들을 이 과정으로 유도하자는 결정도 함께 했다.
106) 「2016년 10차 연구위원회 및 퇴수회 회의록」(2016. 12. 16), 17.

연도	학기	과목	강사	수강생	연도	학기	과목	강사	수강생
2017	1	마가복음	이형일	19	2019	1	레위기	김근주	24
		제2성전기	김근주	22			요한복음	문우일	19
	2	역사서	최은영	4		2	에스겔	김근주	35
		사도행전	이형일	7			요한계시록	김선용	34
2018	1	로마서	김선용	26	2020	1	욥기	권지성	19
		소예언서	김근주	24			누가복음	이대주	16
	2	전도서	권지성	24		2	예레미야	김근주	30
		마태복음	김선용	30			고린도전서	한수현	24

　　느헤미야가 평신도 교육에 집중하며 입문·심화과정을 시작했고, 목회자 양성을 위한 신학연구과정도 마련했다. 동시에, 목회자 연장교육을 위한 다양한 과정들도 꾸준히 시도했다. 그럼에도 불구하고, 보다 심화된 신학교육에 대한 갈망이 교수들 안에 계속 남아 있었다. 느헤미야에 박사과정을 설치할 수 없는 현실적인 한계를 인정하면서, 그에 준하는 교육과정을 만들어야 한다는 의견이 연구위원들 내부에서 꾸준히 제기된 것이다.

　　이미 비슷한 목적으로 2016년에 신학전문과정을 시작했지만, 여러 사정으로 중도에 포기하고 말았다. 비록 그것이 변형되어 주해과정으로 맥을 이어왔지만, 성서학 이외의 분야들은 이런 성격과 수준의 과정이 부재했다. 그래서 2019년 2월부터 이런 논의가 다시 한 번 본격적으로 시작되었다. 즉, 신학석사 Th. M. 과정에 준하는 '신학전문과정'을 성서학구약전공, 교회사, 조직신학 전공으로 신설하기로 결정한 것이다. 매학기 정원을 3명으로 한정하여 도제식 수업 방식을 전공에 따라 2-3년간 진행하고, 출판을 목적으로 논문지도도 병행하기로 의견을 모았다. 이런 목적을 위해 성서학은 한 학기 두 과목을 수강하고 수강료를 200만원으로 책정했으며, 교회사는 매 학기 한 과목만 개설하고 수강료를

100만원으로 결정했다.[107]

이런 결정에 따라, 2020년 1학기부터 학생모집을 시작했다. 그 결과, 첫 학기에 성서학 3명, 교회사 2명이 등록하여 수업을 진행했다. 2학기에도 동일한 수의 학생들이 두 전공에서 계속 공부했다. 한편, 조직신학은 신학전문과정 대신, "최근 기독계와 한국사회에서 이슈되는 현안과 주제를 학문적, 실천적으로 정립"하는데 도움을 줄 목적으로, 2년 4학기 한학기 2과목, 과목당 8주 수업 동안 수강하는 '기독시민교양과정'을 별도로 개설했다.[108] 첫 학기에 14명이 지원하여 성황을 이루었으나, 다음 학기에 지원자가 4명으로 급감했다. 결국, 이 과정은 다음 해 2021년에 폐지되고 '느헤미야 아카데미아'로 재편되었다. 대신, 다른 전공과 같은 맥락에서 현대신학전문과정이 2021년 신설되었다.[109]

4. 신학연구과정

신학연구과정은 기존 신학대학원에 준하는 신학교육과 목회자 양성이라는 두 가지 목표를 설정하고 개설되었다. 이 과정은 신학연구에 한정된 '기독교학 연구과정' M.C.S.eq.과 목사안수를 염두에 둔 '목회학 연구과정' M.Div.eq으로 구분된다. 학사학위 이상의 학력을 가진 사람들이 지원할 수 있으며, 목회학연구과정은 105학점, 기독교학연구과정은 75학점을 전체수강 혹은 부분수강으로 취득해야 졸업할 수 있다.

사실, 다른 과정들과는 달리 이 과정을 개설하는 여정은 용이하지 않았다.

---

107) 「2019년 11차 연구위원회 회의록」 (2019. 12. 1), 9.
108) http://www.nics.or.kr/notice/post/4031.
109) 「2021년 1차 연구위원회 회의록」 (2021. 2. 9), 10.

내부에서도 이 과정을 시작함으로써 입문·심화과정을 중심으로 한 평신도 교육이 약화되거나, 기존 신학교 체제로 전환되는 것이 아니냐는 우려와 비판의 목소리가 존재했기 때문이다. 동시에, 교육부인가와 소속 교단이 없는 상태에서 목회자 양성과정을 시작해야 하는 법적 제도적인 약점, 그리고 이 과정을 시작할 경우, 다수의 전임 교수들이 필요하다는 경제적 부담 때문에 적지 않은 논쟁과 갈등이 있었다.

하지만 위기에 처한 한국교회의 개혁과 재구성을 위해선, 평신도 계몽과 목회자 재교육 외에, 느헤미야의 대의에 동의하는 새로운 목회자 양성이 반드시 필요하다는 결론에 모든 교수들이 동의했다. 제도적·경제적 한계는 하나님의 은혜를 신뢰하고 주어진 현실 안에서 최대한 지혜와 헌신으로 감수하기로 다짐했다.[110] 이후, 신학연구과정의 실현을 위한 계획을 구체적으로 수립하고 향후 일정을 진행했다.

먼저, 이 계획을 추진하기 위해, 2013년 9월 15일 김동춘 교수를 '신학연구디렉터'로 임명했다.[111] 이후, 두 차례 10월 17일, 11월 12일에 걸쳐 '느헤미야 포럼'을 개최하여, 한국신학교육의 현실과 문제를 진단했고, 느헤미야 신학연구과정 신설의 당위성과 느헤미야 신학교육의 정체성 및 방향을 설명했다. 이 포럼을 위해, 외부에서 황창기 총장, 이만열 교수, 강경민 목사가, 내부에선 남오성 목

---

110) 2013년부터 신학연구과정을 본격적으로 추진하자는 제안이 1월 6일 대부도에서 모인 교수회에서 김근주 교수에 의해 제기되었다. 김 교수는 이 과정을 당시 상황에서 시작하는 것의 현실적 어려움을 충분히 인지했다. 그럼에도, "학위는 없지만 신학을 제대로 깊이 공부할 수 있다는 것이 느헤미야가 운영할 수 있는 엠디브/엠시에스 과정의 최대 장점일 수 있다"고 강조하면서, 이 과정을 시도해보자고 제안했다. 「2013년 1차 운영위원회 및 퇴수회 회의록」 (2013. 1. 6), 11. 이 제안에 따라 2013년 한 해 동안 연구위원회에서 이 안건을 논의하고 구체적인 대책을 마련했다.

111) 8차 운영위원회에서 김동춘 교수를 M. Div./M. C. S 디렉터로 선임하고, 이 과정의 준비 및 학생모집의 책임을 맡겼다. 매주 1회 출근하여 이 과정을 최초 제안했던 김근주 부원장과 협의하도록 했으며, 월30만원의 연구비를 지급하기로 결정했다. 「2013년 8차 운영위원회 회의록」 (2013. 9. 15), 7.

사, 김형원 교수, 김동춘 교수가 패널로 참여하여 발제를 맡았다. 그리고 12월 10일 입학상담 및 설명회를 열어 연구과정의 개설 취지와 내용, 특징, 향후 계획 등을 세상에 공개했다. 더불어, 1차 모집도 시작했다.[112]

2014년 3월에 시작된 첫 학기에 23명기독교학 연구과정 1명, 목회학 연구과정 18명, 청강생 4명이 등록하여 연구과정의 역사가 시작되었다. 비학위 과정이란 법적·현실적 한계에도 불구하고, 교권의 통제 하에 학문적 자유가 제한되고 시대적 책임을 제대로 감당하지 못하는 교단신학교들, 혹은 적절한 학문적 수준이나 교육의 질을 보장할 수 없는 다수의 비인가 신학교들과 차별화된, 느헤미야만의 신학 교육과 연구, 공적 책임과 활동이 본격적으로 시작된 것이다. 이런 목회학 연구과정의 특징을 노컷뉴스는 다음과 같이 적절하게 표현했다.

> 기독연구원 느헤미야는 지난 5년 동안 "평신도를 깨워서 세상 속에서 올바른 그리스도인으로 살아가도록 돕는 신학교육 과정"을 운영해왔다. 그러다 정작 "한국교회가 변하려면 목회자들이 변화돼야 한다."는 판단에 교단과 자본으로부터 자유로운 목회자 양성 과정을 마련한 것이다. 세상 속에서 그리스도인과 교회의 공적 책임을 분명하게 천명하는 것이 느헤미야 신학과정의 정체성이다.[113]

첫 학기에는 통합교리학김동춘, 복음주의운동사배덕만, 오경김근주, 현대사회와 기독교김형원, 복음서와 사도행전조석민, 두 번째 학기에는 바울서신권연경, 하나님나라와 경제윤리박득훈, 구약역사서김구원, 한국교회와 민족이만열, 죄와 구원김동춘이 개설되어, 화, 수, 목에 수업이 진행되었다. 이처럼, 신학연구과정 강

---

112) 「2014년 정기총회 자료집」(2014. 2. 8), 8-9.
113) 조혜진, "신뢰 잃은 한국교회에 부는 대안적 바람," 「CBS 노컷뉴스」(2014. 11. 14).

의는 본교 교수들 외에, 타 신학교에서 가르치던 여러 신학자들을 강사로 초청하여, 느헤미야의 현실적인 한계를 보충하면서 수업마다 적절한 질과 깊이를 유지할 수 있었다.

특별히, 이 과정은 전체수강, 부분수강, 청강으로 수강방식을 다양화해서, 수강생의 개인적 형편에 따라 수업에 참여할 여러 방법을 모색했다. 또한, 수요일 수업은 수업과 채플로 구성하여, 학생과 교수가 함께 예배하는 시간도 마련했다. 뿐만 아니라, 매학기 개강 직전에 수련회를 개최하고, 학기 중 운동회나 소풍, MT 등 여러 친목 활동을 통해 학생들과 교직원들 간의 교제와 단합을 도모했다.

연구과정의 첫 졸업식은 2017년 2월 11일 하.나.의.교회에서 열렸다. 첫 학기에 총19명의 성규 과정 학생들이 등록하고 함께 시작했지만, 3년 후 무사히 졸업한 사람은 8명기독교학1명,목회학7명뿐이었다.[114] 이날 졸업식에서, 교수들과 졸업생들이 함께 축가를 불렀다. 각 교수는 직접 졸업생을 한명씩 소개하고 축복한 후 졸업장을 수여했다. 졸업식에서 이사장상을 받은 졸업생 김경모는 CBS와의 인터뷰에서, 다음과 같은 소감을 남겼다.

> 우리는 비록 비인가 신학교를 다녔지만 치열하게 공부했고, 열심히 참여했고, 밤새워 고민하고 토론했습니다. 우리가 같은 곳에서 삶을 나누고 신학을 나누고 열정을 함께 한 사실은 우리의 마음속에 자랑으로 남아 있을 것입니다.[115]

신학연구과정을 수강했던 학생들의 현황은 다음과 같다.

---

114) 「2018년 1차 정기 이사회 자료집」(2018. 3. 12), 4.
115) 최경배, "기독연구원 느헤미야 첫 목회자 후보생 배출," 「CBS 노컷뉴스」(2017. 2. 13).

연구과정 수강현황

연도	2014		2015		2016		2017		2018		2019		2020	
학기	1	2	1	2	1	2	1	2	1	2	1	2	1	2
정규	19	16	26	27	29	26	29	23	31	30	30	28	32	26
청강	4	4	27	12	8	5	7	8	9	13	4	8	8	4
위탁												2	1	1
합계	23	20	32	39	37	31	36	31	40	43	34	38	41	31

제6장 · 학술활동

1. 대중강연

정규수업과 병행해서, 느헤미야는 설립과 동시에 다양한 형식과 주제의 강의를 비정기적으로 제공해왔다. 수업에서 다룰 수 없지만 중요한 신학적 주제나, 긴급한 신학적·사회적 쟁점들에 대해 느헤미야 교수들과 각 분야 전문가들이 글을 쓰고 강연과 토론을 이끈 것이다. 강의의 형식은 크게 캠프, 특강, 콜로키움, 포럼, 컨퍼런스로 분류할 수 있다.

(1) 캠프

느헤미야의 설립을 준비하면서, 2010년 1월 23일 "일상과 제자도"란 주제로 〈신학캠프〉를 열었고, 느헤미야 교수들 전원이 참여하여 각자의 전공에서 제자도의 의미를 강의했다. 이후, 특정한 주제를 하루 동안 다양한 전공의 학자들이 집중적으로 다룬 후, 전체토론으로 마무리하는 형식의 〈신학캠프〉가 느헤미야의 대표적인 행사로 자리를 잡았다. 2011년 1월 29일 약수동교회에서 "이음, 하나님나라로 세상보기-신학과 일반학문이 만날 때"란 주제 하에 김응교 교수숙대, 우종학 교수서울대, 장진호 교수광주과기대가 발표하고, 느헤미야의 권연경,

전성민, 김형원 교수가 논찬한 〈제3회 신학캠프〉,[116] 2014년 8월 23일 100주년 기념교회 사회봉사관에서 "주일이 맞나요? 안식일이 맞나요?"란 제목 하에 김근주, 조석민, 김동춘, 김형원, 배덕만 교수가 각각 발표했던 〈제5회 신학캠프〉 등이 대표적인 경우다.[117]

신학캠프는 서울뿐만 아니라 대전과 부산에서도 개최되어, 느헤미야의 영향력이 전국적으로 확장되는데 중요한 채널로 기능했다. 지방에서는 이런 형식의 집중적인 신학강의가 매우 낯설고 드물었다. 또한, 교수 전체가 지방으로 함께 이동하는 것도 현실적으로 쉬운 일이 아니었다. 하지만 교수들의 적극적인 협력과 지역에서 활동하는 동지들의 헌신적인 지원 덕택에 지방에서도 꾸준히 신학캠프를 진행할 수 있었다. 예를 들어, 2012년 6월 6일, 대전에 소재한 복음신학대학원대학교(현, 건신대학원대학교)에서 "예배를 말하다"란 주제로 신학캠프를 개최했을 때, 35명이 참가해서 강의를 들었다.[118] 2016년에는 한 해 동안 서울, 대전, 부산에서 세 차례나 신학캠프를 진행했다. 즉, 1월 30일 대전에서 "일상과 제자도"란 주제로 열린 캠프에 총93명이 참석하여 성황을 이루었고, 3월 19일 서울에서 열린 "정치하는 그리스도인"이란 주제의 캠프에는 70명이 모였다. 또한, 6월 25일 부산에서 열린 신학캠프 "일상과 제자도"에도 90명이 참석하여 열정적인 강의와 진지한 토론이 이어졌다. 이 해에는 김근주, 김동춘, 배덕만, 조석민 교수가 한 팀이 되어 전국을 누비며 신학캠프를 이끌었다.[119]

2017년부터는 기존의 신학캠프와 병행하여, 규모와 대상을 축소한 형태로 〈청년대학생 신학캠프〉를 신설하여 실험적으로 진행했다. 예를 들어, 2017

---

116) 「2012년 정기총회 자료집」, 7.
117) 「2015년 정기총회 자료집」, 8-9.
118) 「2013년 정기총회 자료집」, 7.
119) 「2017년 이사회 정기총회 자료집」, 9-10.

년 6월 24일 오전 10시부터 밤 9시까지 "하나님! 어찌하여 방관하시며, 잠잠하시나이까?: 악에 대한 하나님의 뜻과 섭리"란 주제로 캠프가 진행되었다. 김근주·김동춘 교수가 강의를 맡아서, 구약과 조직신학 관점에서 신정론 문제를 다루었다. 캠프에 참여했던 46명의 청년·대학생들이 늦은 시간까지 강의를 경청했으며, 진지하고 뜨거운 대화와 토론이 이어졌다.[120] 2018년 6월 23일 서울에서 "교회? 그래도 교회!"란 주제로 열린 캠프에는 총37명의 청년들이 참석했다. 권연경, 김형원, 배덕만 교수가 강의했으며, 역시 밤 9시까지 열띤 토론이 이어졌다.[121] 이 청년대학생캠프는 기존의 캠프가 제한된 시간에 여러 강의가 빠르게 진행됨으로써, 강사와 청중 간의 대화시간이 부족하고 참석자들 간의 깊이 있는 토론이 아쉽다는 진단에 따른 대안으로 마련된 것이다.

　　캠프형식으로 진행된 또 하나의 중요한 행사는 2016년 1월 25일~27일2박3일 동산교회 수지 수양관에서 진행된 〈청소년 캠프〉였다. 그동안 느헤미야 교육은 기본적으로 성인들을 대상으로 진행되었다. 하지만 하나님나라와 일상의 제자도라는 느헤미야의 정신과 운동을 청소년들에게 확대해야 할 때가 되었다는 인식이 내부에서 무르익었다. 그런 고민을 해결할 방법을 모색하던 중, 먼저 찾아낸 해법이 〈청소년 캠프〉였다. 성서한국의 경험을 토대로, 내용과 방식 면에서 기존에 유행하는 청소년 캠프와 차별화된 대안적 캠프를 시도하기로 한 것이다. 기존의 캠프들이 느헤미야 교수들의 주도 하에 진행되었다면, 이 청소년 캠프는 느헤미야 재학생들과 졸업생, 그리고 느헤미야와 뜻을 함께 하는 지역 교회의 협력을 토대로 준비·진행되었다.

　　2015년 10월 15일 준비팀이 구성되어,[122] 3개월 동안 여러 차례 모임을

---

120)「2018년 정기총회 자료집」, 9.
121)「2019년 이사회 총회 자료집」(2019. 4. 15), 10.
122)「2015년 9차 정기연구위원회 회의록」(2015. 10. 20), 2.

가지면서, 스텝 및 프로그램 구성, 강사 섭외와 참가자 모집을 마쳤다. 이어서 2016년 1월 25일~27일 2박 3일 동산교회 수지 수양관에서 "옷장을 열어봐"란 주제로 〈청소년 캠프 시즌 1 - 하나님나라 in 학교〉가 개최되었다. 스텝 15명, 학생 26명, 인솔자 1명이 캠프에 참석했으며, 김근주, 배덕만, 김성학, 윤영훈, 김연희, 권애지, 강도영, KOPI가 강의를 담당했다.[123] 2017년 1월 25일~27일, 역시 동산교회 수지 수양관에서 〈청소년 캠프 시즌 2〉가 "주토피아"란 주제 하에 개최되었다. 멘토 16명, 스텝 6명, 학생 99명이 참석하여 성황을 이루었고, 김근주, 김성학, 김응교, 강도영 등이 강의를 맡아 학생들의 큰 호응을 얻었다. 하지만 학생들 간의 학력과 연령의 차이, 교회간 참가자 수의 차이, 참가자 수의 급증 등으로, 향후 캠프 참가대상과 규모에 대해 보다 깊은 고민과 대안이 요청되기도 했다.[124] 그래서 2018년 1월 18일~20일 팀비전센터에서 열린 〈청소년캠프 시즌 3〉은 규모를 60명으로 제한했다. 학생 55명이 참가한 이번 캠프에서, 멘토 11명과 스텝 9명이 행사를 도왔으며, 이길승, 이수연, 전남식, KOPI가 강의를 담당했다.[125] 〈청소년 캠프 시즌 4〉는 "밀어내기 감싸안기"란 주제로 2019년 1월 17일~19일에 팀비전센터에서 열렸다. 이 캠프에 66명의 학생들이 참가했고, 11명의 멘토와 6명의 스텝이 대회를 위해 수고했다. 또한, 남태일, 한문순, 장효진 등이 진행한 '평화 강의'는 매우 흥미로웠고, 참가자들에게 신선한 도전이 되었다. 한편, 2020년부터는 느헤미야 교회협의회가 청소년 캠프를 주관하기로 결정했다.[126] 2020년 1월 12일~15일 동산교회 수양관에서 〈청소년 캠프 시즌 5〉 "하나님나라 In 교회"가 열렸다. 학생 82명, 멘토 16명, 스텝 9명이 참가했고, 전남

123) 「2015년 11차 정기연구위원회 및 교수 퇴수회 회의록」 (2015. 12. 18), 1.
124) 「2017년 4차 정기연구위원회 회의록」 (2017. 3. 16), 2.
125) 「2019년 이사회 총회 자료집」, 4.
126) 「2020년 이사회 총회 자료집」 (2020. 4. 16), 7.

식, 심용환, 김경아, 최현락, 정진, 김한수, 김제룡, 박성용, 이화정 등이 강사로 참여해서 강의와 프로그램을 진행했다.[127] 한편, 예상치 못했던 코로나 바이러스-19의 창궐로 아쉽게도 2021년에는 캠프를 열지 못했다.

(2) 특강

느헤미야가 정규수업 외에 가장 많은 에너지를 쏟은 프로그램은 〈특강〉이었다. 지난 십년간 매년 수차례씩 꾸준히 진행되었다. 캠프가 느헤미야 교수들이 한 팀을 이루어 특정한 주제를 집중적으로 다루었다면, 특강은 느헤미야 교수들뿐 아니라, 외부의 강사를 적극적으로 초청하여 다양한 주제와 형식으로 진행되었다. 기본적으로, 특강은 느헤미야 수강생들을 대상으로 했지만, 행사를 대외적으로 널리 홍보하여 가능한 한 많은 이들이 강의를 듣도록 유도했다.

느헤미야의 첫 특강은 느헤미야의 수강생과 교직원을 대상으로 한 작고 소박한 행사였다. 2010년 11월 9일에 열린 앨런 서게이트Allen Suggate 교수 초청 강좌, "문화와 그리스도: 성례전적 접근"이 바로 그것이었다.[128] 이 자리에 입문 과정 수강생 외 10여명이 참석했고, 이어서 서게이트 교수와 느헤미야 교수들의 간담회가 진행되었다. 2012년부터 특강의 규모와 주제, 빈도수가 빠르게 증가했다. 즉, 이 해에는 김형원 교수의 "현대사회와 기독교"란 제목의 "월요특강"이 봄학기 12주와 가을학기 10주에 진행되었다. 이 특강에는 봄학기 21명, 가을학기 12명이 각각 수강했다. 또한, 5월부터 10월까지 2주, 혹은 3주간 토요일에 "토요특강"이 진행되었다. 5월에는 배덕만 교수가 "한국 교회와 복음주의: 서로에게

127) 「2021년 느헤미야 교회협의회 정기총회 자료집」 (2021. 3. 27), 3.
128) 「2010년 10월 상임위원회 회의록」 (2010. 10. 6), 3. Allen Suggate는 더함대학교에서 은퇴한 사회윤리학자로서 해방신학, 아시아신학, 일본신학의 권위자였다. 박득훈 교수의 추천으로 행사가 준비되었다.

묻고 답함"란 주제로, 6월에는 김근주 교수가 "성서의 부활: 믿음과 의심 사이구약편"란 주제로, 9월에는 권연경 교수가 "성서의 부활: 믿음과 의심 사이신약편"란 주제로, 그리고 10월에는 조석민 교수가 "기도: 오해와 진실"이란 주제로 릴레이 특강을 이어갔다. 12월에는 매주 화요일 저녁마다 4주간 "방학특강"으로 김근주 교수가 예레미야서를 강의했다.[129] 그 외에, 6월 11일에 열린 청어람 아카데미 정수현 실장의 SNS 특강은 특별히 수강생뿐 아니라, 느헤미야 연구위원을 위해 마련된 행사였다.[130]

2012년부터 특강이 급증했다. 드디어, 느헤미야의 사역에 속도가 붙기 시작했다는 증거다. 한 해 동안 총 16회의 특강이 진행되었고, 특강에 참여했던 청중 수도 360여명에 달했다. 먼저, 1월과 2월에 각각 4주 동안 김동춘 교수와 전성민 교수가 "조직신학 특강"과 "[하나님의 선교] 강독세미나"를 진행했다. 7월에는 "4인의 신학자와 함께 하는 한여름 밤의 신학마당"이란 제목의 시리즈 특강에 김형원, 권연경, 김근주, 전성민 교수가 한 주씩 특강을 맡았다. 10월에도 "신학과 입맞춤: 포기할 수 없는 신학에 관하여"란 주제로 특강이 열렸는데. 이때는 김형원, 김근주, 배덕만, 조석민 교수가 차례로 각자의 강의를 진행했다.[131] 느헤미야의 모든 교수들이 정규 수업 외에 특강까지 책임진 것이다.

2013년에 열린 특강은 모두 8차례, 135명이 참석하여 강의를 들었다. 1월에는 "겨울신학 특강: 신학으로 겨울나기"란 주제로 김동춘, 권연경, 전성민 교수가 매주 월요일 저녁마다 강의했으며, 1월부터 2월까지 매주 목요일에 김근주의 "이사야 특강"이 이어졌다. 한편, 7월 1일부터 4주간 월요일에 "여름 신학특강: 4인 4색"이 열렸는데, 김진혁 햇불트리니티신대원, 윤영훈 빅퍼즐문화연구소, 권연경,

---

129) 「2012년 정기총회 자료집」, 8-9.
129) 「2012년 정기총회 자료집」, 8-9.
130) 「2011년 4차 운영위원회 회의록」(2011. 6. 11), 1.
131) 「2013년 정기총회 자료집」, 9.

김회권숭실대이 강사로 참여했다.[132] 이때부터, 느헤미야 교수 외에, 타 대학 교수들도 본격적으로 특강 강사로 합류하기 시작하여, 특강의 주제도 훨씬 더 다양해졌다.

2014년에는 특강이 일곱 차례 준비되었다. 1월에 "겨울신학특강: 70년대를 살아가는 21세기 그리스도인"이란 주제로 매주 화요일마다 배덕만, 김근주, 김동춘, 조석민 교수가 각자의 전공에서 기독교와 정치의 관계를 다루었다. 6월과 7월에는 느헤미야와 현대기독연구원 공동 주최로 이재근 교수의 특강 "20세기 복음주의 지형도 그리기"가 진행되었다. 또한, 전성민 교수의 특강, "내러티브로 읽는 구약윤리"가 7월 3주 동안, 배덕만 교수의 특강, "『초기기독교사상의 정신』 강독"이 12월 4회 진행되었다. 이 해에 특강을 들은 사람은 400명이 넘었다.[133]

2015년에는 매우 다양한 주제로 특강이 1월, 2월, 6월, 7월, 8월, 9월, 11월에 열렸다. 이 해에는 느헤미야 교수들보다 외부 강사들의 특강이 더 많았다. 특별히, 1월 26일~27일에 열린 우종학 교수의 특강 "과학의 도전과 기독교의 응답"에는 연인원 260명이 참석하여, 역대 느헤미야 특강 최대 기록을 세웠다. 한편, 8월~9월에 진행된 김근주 교수의 특강 "구약과 부활신앙"은 '높은뜻광성교회 청년부' 주관으로 진행된 것이다. 느헤미야의 특강 사상 가장 많은 청중이 참석한 해로 기록된 2015년 특강 목록은 다음과 같다.[134]

일자	강좌명	강사	수강인원
1/26, 27	과학의 도전과 기독교의 응답	우종학	140/120
2/2, 3	하나님나라의 복음과 로마제국	안용성	70

---

132) 「2014년 정기총회 자료집」, 8.
133) 「2015년 정기총회 자료집」, 8.
134) 「2016년 정기총회 자료집」, 9.

6/8	아직도 십자가 대속론인가?	차재승	65
6/22	17세기 경건주의와 오늘날의 한국교회	지형은	30
7/20	창조과학의 성경해석을 말한다	전성민	80
7/26~9/19	구약과 부활신앙	김근주	100
11/11	성경이해와 현지답사	김동문	30

2016년에는 6월부터 7월에 걸쳐 6차례의 특강이 "현실과 성서: 헬조선에서 신앙인으로 살아간다는 것"이란 주제로 서울과 대전에서 진행되었다. 이 특강의 강사로 박성철, 박영호, 박유미, 조재천, 전성민, 정승일 교수가 섭외되었고, 180명의 청중이 이 시리즈 강의에 참석했다. 7월 12일에는 전성민 교수와 우종학 교수가 "신학과 과학의 대화"란 제목의 특강을 공동으로 진행했으며, 12월 5일에는 이종경 교수의 특강 "이사야의 열방예언"이 2016년 마지막 특강으로 마련되었다.[135]

한편, 2017년 특강은 5월부터 시작되었다. 먼저, 5월 1일, 정승훈 교수의 강의가 있었고, 6월 19일~7월 4일까지 "기독교 세계관의 재구성: 세계형성적 기독교와 공적 제자도"란 주제 하에, 전성민, 김동춘, 배덕만 교수가 바톤을 이어가며 특강을 진행했다. 이 특강은 "해석"이란 키워드를 중심으로 구약, 조직신학, 철학 강의가 펼쳐졌는데, 함께 한 청중은 모두 137명이었다. 한편, 8월에 김근주 교수가 대전에서 진행한 특강 "성경 어떻게 읽을 것인가?: 나를 넘어서는 성경읽기"에는 총80명이 참석했고, 12월에는 바울 전문가들인 한수현·김선용 교수가 "바울"을 주제로 각각 2회씩 특강을 진행했다. 바울에 대한 최신 연구동향을 들을 수 있었던 이 자리에, 매회 70명이 참석하여 이 주제에 대한 대중의 높은 관심을 확인할 수 있었다.[136]

---

135) 「2017년 정기총회 자료집」, 9.
136) 「2018년 1차 정기이사회 자료집」, 9.

2018년에는 총 14회의 특강이 열렸다. 느헤미야 역사상 가장 많은 수의 특강이 열린 해였다. 당연히 주제와 강사, 지역 면에서도 가장 풍성하고 다채로웠던 해로 기억된다. 먼저, 1월 특강은 부산에서 "입문과정 공개강좌"로 진행되었으며, 김근주·배덕만 교수가 강의했다. 2월에는 "인문학이 길에서 만난 신학: 이 시내의 스승들이 드려주는 인문학과 신학이야기"란 주제 하에 역사학자 이만열 교수, 사회학자 한완상 교수, 종교학자 정진홍 교수가 각자의 전공과 신학의 관계에 대해 소중한 기억과 교훈을 전해주었다. 4월에는 세월호 참사를 기념하여, "아우슈비츠 이후의 하나님, 그리고 우리의 하나님"이란 주제의 특강이 준비되었다. 이석규, 김종국, 박영식 교수가 진행한 특강은 예외 없이 무거운 주제의식과 흥미로운 통찰로 가득했다. 6월에도 특강이 있었다. 두 명의 구약학자 민경구, 강철구가 창세기 특강을 진행했으며, 7월, 8월. 12월에는 최종원, 김근주, 권연경 교수가 진행한 특강이 대전과 부산에서 이어졌다.[137]

한편, 2019년에 열린 10차례의 특강은 한 차례를 제외하고 모두 지방에서 개최되었다. 지역캠퍼스들이 새로 개척되면서, 각 캠퍼스의 신속한 정착과 안정을 돕기 위한 목적이 강했다. 2019년의 특강 일정은 다음과 같다.[138]

날짜	지역	주제	강사	참석자
1/30	대전	위선	권연경	100
2/12	대구	기독교와 반지성주의	배덕만	58
4/15	광주	위선	권연경	60
5/21	광주	왜 개신교는 보수화되었는가?	배덕만	37
5/23	서울	Anabaptist Ways of Knowing	Sara Shenk	40
5/25	대전	Peace Theology	Gerald Shenk	45
7/23	대전	과학시대의 도전과 기독교의 응답	우종학	50

---

137) 「2016년 이사회 총회 자료집」 (2016. 3. 15), 9-10.
138) 「2020년 이사회 총회 자료집」 (2020. 4. 16), 11.

8/24	부산	세상 속에 임하는 하나님나라	김동춘	30
10/19	부산	다니엘처럼	김근주	50
11/18	부산	다니엘처럼	김근주	64

특별히, 5월 23일과 25일에 열린 쉥크Shenk 부부의 특강은 특기할 만하다. 사실, 신학연구과정을 준비하면서 교수들은 수료자들에게 보다 공인된 졸업장을 수여할 수 있는 방법을 다각도로 모색했다. 그런 시도의 일환으로, 2018년부터 미국 메노나이트 계열 신학교인 AMBSAnabaptist Mennonite Biblical Seminary와 느헤미야가 협력하는 방안을 꾸준히 추진해왔다. 특히, 한국메노나이트들을 위한 신학교육을 AMBS가 느헤미야에 위탁하고, 이 과정에 느헤미야 학생들도 참여하여 공동학위를 취득하는 방법을 타진했다. 이 일을 위해 미국 메노나이트 소속 허현 목사와 한국메노나이트교회연합MCSK:Mennonite Church South Korea의 대표인 배용하 목사가 양자 사이에서 수고를 많이 했다. 그런 논의가 보다 구체화되어, 2019년 5월 23일 AMBS 총장 부부가 느헤미야를 직접 방문하여 교수들과 간담회를 가졌고, 그날 저녁 사라 쉥크Sara Shenk 총장이 특강도 진행한 것이다. 이날 특강은 느헤미야와 한국메노나이트교회연합이 공동 주최했다. 40여 명이 참석했고, 한국아나뱁티스트센터 총무 문선주 목사가 통역을 맡았다. 이틀 후 대전에서 쉥크 총장의 남편이자 Eastern Mennonite University 교수인 제럴드 쉥크Gerald Shenk가 평화신학Peace Theology을 주제로 특강을 했다. 이날 행사에도 45명이 참석했으며, 허현 목사가 통역을 위해 수고했다.[139]

코로나 바이러스-19의 창궐로 세상의 모든 것이 변한 2020년에도 느헤미야 특강은 멈추지 않았다. 모두 7차례 진행된 특강은 코로나의 영향으로 on-line과 on-off-line 병행으로 진행될 수밖에 없었다. 1월 대구에서 진행된 김형원 원

---

139) 「2020년 이사회 총회 자료집」, 8.

장의 특강 "교회와 공동체"는 현장에 30명이 참석한 가운데 평소처럼 진행되었다. 하지만 코로나가 크게 유행하면서 6월에 준비된 특강은 온오프 병행으로 진행해야 했다. "신진학자 초청특강"이란 제목의 6월 특강에 신숙구, 차보람, 권지성 교수가 강사로 초대되었는데, 현장에는 10여명의 관중이 자리를 지켰지만, 매번 90명 이상이 온라인으로 참여했다. 코로나가 가져온 흥미로운 변화였다. 그리고 10월~11월에는 "하나님의 ON백성을 위한 On-Line 특강"이 3차례 진행되었다. 정은찬, 양현혜, 옥성득 교수가 흥미로운 강의를 들려주었다. 특히, 온라인으로 진행되었기에, 미국에 거주하는 옥성득 교수가 강사로 참여할 수 있었다.[140] 한국시간에 맞추어 강의가 열렸기 때문에, 옥 교수는 그날 거의 잠을 잘 수 없었다. 고맙고 죄송했다.

(3) 포럼

2013년 10월 17일 저녁, 신학연구과정 개설을 준비하면서 느헤미야 최초의 〈포럼〉이 개최되었다. 70여명이 참석한 가운데, "신학교육, 무엇이 문제인가"란 주제로 열린 포럼은 2부로 진행되었다. 1부에선, 이만열 교수와 황창기 교수가 발제를 맡았으며, 김형원 교수의 사회로 진행된 2부 패널 토의는 두 발제자와 강경민 목사가 참여하여 열띤 토론을 이어갔다. 이 자리에서 황 교수는 신학교육을 포함해서 한국교회에 만연한 1등주의를 근원적인 문제로 지적했고, 이 교수는 한국의 신학교에 학문의 자유가 거의 없는 현실을 강하게 질타했다. 11월 12일에 열린 두 번째 포럼의 주제는 "신학교육, 어떻게 할 것인가?"였다. 1부에서 남오성, 김형원, 김동춘 교수가 발제를 맡았고, 이어진 2부에선 김근주 교수의 사회로 느헤미야 신학연구과정의 입학설명회가 진행되었다.[141]

---

140) 「2021년 이사회 총회 자료집」 (2021. 3. 16), 11.
141) 이날 발표된 발제문의 제목은 다음과 같다. "신학교의 운영구조와 그 폐해들"(남오성), "왜 우

2014년에는 문창극 사태와 세월호 참사가 연속해서 발생하여 사회적 흥분과 갈등이 크게 고조되었다. 이런 상태에서, 7월 25일 저녁 100주년 기념교회 사회봉사관 4층에서 "세월호 참사와 문창극 사태로 본 한국교회와 신학: 고통의 역사에 대한 기억과 우정의 신학"이란 제목으로 〈긴급포럼〉이 마련되었다.[142] 이날 포럼은 김형원 교수의 "사회문제에 대한 복음주의의 실패, 이제는 넘어서자"란 제목의 기조발제로 시작되어, 성서학적 통찰, 교회사적 분석, 윤리적 진단이란 3개 세션에서 느헤미야의 모든 교수들이 논문을 발표했다. 특별히, 김동춘 교수는 문창극 사태를 분석하면서, 이것을 "한국개신교의 공공성 결핍의 단면을 고스란히 보여준 사건이다"라고 규정했고, "이제 한국개신교는 자신의 확고한 신앙의 신념과 언어표현이 사회 일반에서 적합성과 타당성을 지니는지, 그리고 공동선을 지향하는 것인지 고민해야 한다."고 제안했다.[143] 교수들의 발제가 끝난 후에는 최근 '샬롬나비'가 국무총리 후보 문창극의 역사관이 식민사관이 아닌 '신앙적 민족사관'이라고 평가한 것에 대해 〈공개질의서〉를 발표했다. 이 질의서에서, "우리는 문창극의 역사관을 식민사관이 아니라 신앙적 민족사관이라고 해석한 샬롬나비의 역사관은 한 마디로 역사인식의 혼절이요 역사의 변조라고 말하고자 한다"고 비판했고, "차제에 샬롬나비가 한국교회와 사회를 향해 바르고 깨어 있는 기독교적 지성을 사용하여 혼돈의 시대를 살아가는 이 땅의 그리스도인들에게 성경적인 지침과 방향을 제시해 주기를 권면 드리고자 한다"며 질의서를 마무리했다.[144] 이날 포럼은 200여 명의 청중이 늦은 시간까지 자리

리는 목회자 양성교육을 시작하는가?"(김형원), "우리의 신학적 정체성과 신학교육의 방향"(김동춘).

142) 「2015년 정기총회 자료집」 (2015. 2. 14), 5.

143) 이날 발제자들의 발제 내용은 인터넷신문 「뉴스파워」에 잘 정리되어 보도되었다. 김준수, "'세월호 참사, 자유의지 악용한 잘못'-기독연구원 느헤미야, '세월호 참사와 문창극 사태' 긴급포럼," 「뉴스파워」 (2014. 7. 25).

144) 이 공개질의서 전문은 「기독교연합신문」에서 확인할 수 있다. 이병왕, "느헤미야, 문창극 발

를 지켰다.

　같은 해에 종교개혁을 기념하여 중요한 포럼이 또 한 차례 열렸다. 10월 30일, 역시 100주년기념교회 사회봉사관 4층에서 느헤미야와 한국복음주의교회연합 공동주최로 "루터, 만인사제주의를 다시 말하다"란 제목의 〈종교개혁포럼〉이 열린 것이다.[145] 이날 발제는 배덕만 교수가 담당했다. 루터가 교황을 중심으로 한 성직주의에 반대해 평신도의 가치를 부각시킨 것과 그 이유를 살펴보면서, "자신의 주장을 법이나 관행보다 성경에 근거해서 전개한 점, 사제와 평신도를 구분했던 전통을 비판함으로써 평신도의 가치와 책임을 새롭게 정의한 점, 교황제 비판을 통해 '신자들의 공동체'라는 성경적 교회론을 회복시킨 점, 교황제 부패의 근본원인을 돈에서 찾은 점" 등을 공헌으로 지적했다. 하지만 "평신도에 대한 적절한 수준의 교육과 관리가 병행되지 않으면, 자칫 만인사제주의는 교회의 하향평준화와 무정부주의를 초래할 위험도 있다"고 경고했다.[146] 배 교수의 발제 후에는 박득훈, 황병구, 김은홍, 고상환 등이 패널로 참여하여 발제자와 함께 흥미롭고 뜨거운 토론을 이어갔다. 이날 포럼에는 50여 명이 참석했다.

　2015년에는 중요한 포럼이 시리즈로 진행되었다. 2014년 12월, 김재환 감독의 영화, 〈쿼바디스〉가 개봉되어 교계에서 큰 화제가 되었다. 사랑의교회 사태를 중심으로 한국교회의 제반 문제를 집중적으로 조명한 다큐멘터리 영화였다. 느헤미야는 이 영화가 한국교회와 사회를 향해 던진 질문에 대해 신학적 답변을 제공하기로 결정하고, 〈연중 교회개혁포럼〉을 마련한 것이다.[147] 포럼은 총 4차례 진행되었다. 매 회마다 3명의 느헤미야 교수와 초청된 외부 인사 1

　언에 대한 샬롬나비 논평에 공개 질의서 발표," 「기독교연합신문」 (2014. 7. 19).

145) 「2015년 정기총회 자료집」, 6.

146) 발제내용은 다음에서 간략히 확인할 수 있다. 정하라, "루터의 '만인사제주의' 회복, 종교개혁의 첫걸음," 「기독교연합신문」 (2014. 10. 31).

147) 이 포럼의 제반 비용은 김재환 감독의 영화수익금에서 충당되었다.

명이 공동으로 순서를 맡았다. 제1차 포럼만 100주년기념교회 사회봉사관에서 열렸고, 이후 3차례 포럼은 모두 느헤미야 강의실에서 진행되었다. 제1차 포럼은 "목사란 무엇인가?: 사제주의 비판과 목사의 역할과 위상에 대한 재정립"이란 주제로 3월 20일에 열렸으며, 60여명이 좌석을 채웠다. 발제는 김애희 국장교회개혁실천연대, 김근주, 조석민, 김동춘 교수가 맡았다. 제2차 포럼은 6월 15일에 열렸다. "한국교회의 설교, 무엇이 문제인가?-설교의 본질과 오용에 대한 재정립"을 주제로, 권연경, 배덕만, 김형원 교수와 「데오스앤로고스」 대표 표성중 기자가 발제했다. 목회자들이 시대의 가치에 종속된 설교를 하거나, 설교를 표절하는 등 한국교회의 강단이 위기라는 의견이 지배적이었다. 이날의 청중은 80여명이었다. 9월 14일에 "성전과 예배당-예배당 건축과 교회 본질의 훼손"이란 주제로 모인 제3차 포럼에는 60여 명이 참석하여, 김동춘, 조석민, 권연경 교수, 그리고 법무법인 이제 유정훈 변호사의 발제를 듣고 토론에도 함께 참여했다. 이날 포럼에선, 발제자들이 성전중심의 제한적 신앙을 극복하고, 일상의 삶과 종교행위를 긴밀히 연결시키는 통합적 신앙이 필요하다고 공통적으로 주장했다. 마지막 포럼은 12월 7일에 열렸다. 제목은 "한국교회의 보수화-권력과 맘몬에 물든 교회에 대한 반성"이었으며, 발제는 CBS의 변상욱 대기자, 김근주, 배덕만, 김형원 교수가 담당했다. 이들은 자본과 성장에 휩싸인 한국교회의 보수화는 불가피하지만, 이를 극복하지 못한다면 한국사회에서 생존할 수 없을 것이라고 경고했다.[148]

2017년 종교개혁 500주년을 기념해서 다시 포럼이 마련되었다. 종교개혁의 핵심적 슬로건인 이신칭의를 새롭게 조명할 목적으로 기획되어, 느헤미야 교수들과 외부 학자들이 공동 집필자로 참여했다. 이 글들을 편집하여 『칭의와 정

---

148) 「2016년 정기총회 자료집」, 4.

의』새물결플러스란 제목으로 출판했는데, 출판을 기념하여 3차례의 공개 포럼이 개최된 것이다. 70여명이 참석한 제1차 포럼은 10월 6일 열렸다. "성경이 말하는 칭의와 정의, 그리고 구원"이란 제목 하에, 김동춘, 김근주, 최흥식서울성경신대 교수가 발제를 맡았다. "정의의 관점에서 보는 칭의교리"란 제목 하에 모인 제2차 포럼에는 50명의 청중이 자리를 함께 했고, 박성철경희대, 한수현감신대, 김옥순한일장신대 교수가 각자의 글을 발표했다. 마지막 포럼은 "칭의교리의 재조명"이란 제목으로 10월 30일에 개최되었다. 김선영실천신대, 이형기장신대, 배덕만 교수가 발제 순서를 맡았으며, 50여명이 참석해서 장내 분위기가 뜨거웠다.[149]

(4) 컨퍼런스

2017년부터 〈느헤미야 컨퍼런스〉가 시작되었다. 이 행사는 두 가지 목적을 위해 기획되었다. 첫째, 느헤미야 교수들의 연구 활동을 지원하는 것이다. 그동안 느헤미야 교수들은 다양한 강의와 특강에 힘을 쏟으면서, 자신들의 연구를 충실히 수행하여 다수의 논문과 연구서를 생산했다. 하지만 교수들의 연구를 후원·격려하는 뜻으로, 1년 동안 특정 주제를 연구하여 컨퍼런스에서 발표하도록 120만원의 연구비를 지원하기로 결정한 것이다. 둘째, 일종의 '느헤미야 홈커밍데이'를 마련하는 것이다. 즉, 느헤미야의 다양한 과정에서 수강하는 학생들뿐만 아니라, 이미 수료한 분들과 후원자들이 함께 모여 교수들의 연구와 간증을 듣고, 서로 교제하는 장을 마련하고 싶었던 것이다.

2017년 11월 10일금-11일토, 서울 대방동 여성플라자에서 "여호와를 기뻐하는 것이 너희의 힘이라"는 주제로, 첫 번째 〈느헤미야 컨퍼런스〉가 마련되었다.[150] 이날 저녁에 진행된 '느헤미야 렉처'에선 조석민 교수가 "신약성서의

---

149)「2018년 1차 정기 이사회 자료집」, 9-10.
150)「2017년 12차 연구위원회 회의록」(2017. 11. 30). 2.

여성관"이란 제목의 논문을 발표했다. 조 교수는 논문에서, "여성의 증언을 신뢰할 수 없다고 믿는 당시 남성중심의 가부장적인 유대사회와 문화 속에서 살아가는 사람들에게, 특히 당시 남성들에게, 복음서 기자들이 여성을 예수 부활의 증인으로 소개한 것은 매우 충격적인 일이었을 것이 분명하다." "당시 남성 중심의 유대 사회 문화 속에서 바울이 고린도 교인들에게 가르친 부부의 성생활에 대한 교훈은 혁명적인 사상이 아닐 수 없다"고 주장했다. 이 논문은 2018년 4월 『신약성서의 여성』이란 제목으로 도서출판 대장간에서 출간되었다.[151] 다음 날 오전에는 "나의 신학여정"이란 순서를 맡아 김형원 교수가 신학자로서 자신이 걸어온 여정을 들려주어 청중들에게 잔잔한 감동을 안겨주었다.

2018년 11월 2일토-3일토, 역시 서울 대방동 여성플라자에서 두 번째 〈느헤미야 컨퍼런스〉가 개최되었다. 이번 컨퍼런스의 주제는 "과거의 성경, 오늘의 현실"이었다. 한 해 동안 연구에 매진한 김근주 교수가 "성경주해와 해석"이란 제목의 논문을 발표했다. 다음 날 진행된 '나의 신학여정' 순서는 배덕만 교수가 담당하여 자신의 신앙과 신학 이야기를 전해주었다.[152] 특히, 김근주 교수의 논문은 성경해석의 원칙과 난점을 설명하면서, 구체적으로 성경의 동성애 관련 본문들에 대한 현재의 일반적인 이해가 지닌 문제점들을 비판적으로 분석·성찰했다. 청중들의 관심과 반응이 뜨거웠다.[153] 이 책도 다음 해에 도서출판 대장간에서 『내 이웃을 내 몸과 같이』란 제목의 단행본으로 출간되었다.[154]

제3회 〈느헤미야 컨퍼런스〉는 2019년 11월 9일토 오전 10시부터 오후 4시까지 동교동 느헤미야 캠퍼스에서 열렸다. 이날 렉처를 담당한 김동춘 교수가

---

151) 조석민, 『신약성서의 여성』 (대전: 대장간, 2018).
152) 「2019년 이사회 총회 자료집」, 5.
153) 최승현, "'동성애는 죄지만 사람은 사랑한다'는 말은 헛소리…성경은 '대접받고자 하는 대로 대접하라' 한다." 「뉴스앤조이」 (2020. 1. 17).
154) 김근주, 『내 이웃을 내 몸과 같이』 (대전: 대장간, 2019).

"복음이 실재가 되게 하라: 복음의 사회적 실재와 교회의 전략"이란 제목의 연구 논문을 발표했다. 김 교수는 "복음, 신앙, 기독교가 마음의 위로, 내면의 평안을 제공하는 종교적 수단이 됨으로써 실재성을 잃어버리게 되었다"고 진단한 후,[155] 복음의 실재화를 위한 신학적 시도로서 톰 라이트, 본회퍼, 메노나이트 등의 교회론을 분석하고, '적응의 방식에서 비주류성으로'를 결론적 대안으로 제시했다.

> 주류집단에 소속되려는 강한 집착은 새로운 대안을 창출하지 못한다. 기존 질서에 편입과 동화, 길들임, 적응하려는 몸부림으로 인해 자신의 대안 가치와 삶의 방식을 포기하거나 자발적 백기투항군이 되고 만다. 이것은 실험이요, 벤처이고, 낯선 곳으로의 뛰어듦이다. 주류집단에서 비주류 집단에 소속될 각오와 패기를 가지고 가야 한다. 콘스탄주의 기독교에서 비주류 기독교로의 이동을 과감하게 선택하는 것이다. 저항성, 대항성대항문화.대항가치, 비타협성.조화와균형보다부조화와갈등[156]

다음 렉처 순서는 배덕만 교수였지만, 코로나 창궐로 행사가 연기되면서 아직까지 발표기회를 얻지 못하고 있다. 바로 이 책이 배 교수가 렉처를 위해 준비한 것이다.

(5) 콜로키움, 세미나, 북콘서트
2013년, 느헤미야는 〈로마서 콜로키움〉을 4개월3월-6월에 걸쳐 진행했

---

155) 김동춘, 「복음이 실재가 되게 하라: 복음의 사회적 실재와 교회의 전략」 (2019년 기독연구원 느헤미야 렉처 자료집), 5.
156) 김동춘, 「복음이 실재가 되게 하라: 복음의 사회적 실재와 교회의 전략」, 49.

다.[157] 당시, 한국 신학계에 바울에 대한 관심이 급증하고 있었는데, 느헤미야도 이런 흐름에 반응하며 사도 바울의 대표 서신인 로마서의 집중탐구 시간을 마련한 것이다. 바울 전공자인 권연경 교수가 포문을 열었고, 이어서 교회사 전공자인 배덕만 교수가 교회사에 나타난 로마서의 흔적과 영향을 소개했다. 본래 느헤미야 모든 교수들이 순서를 맡아 총 7차례 진행하기로 기획했으나, 내부 사정으로 조석민, 전성민 교수까지 진행하고 마무리했다. 4회에 걸쳐 진행된 이 행사에는 연인원 88명이 참여했다.[158]

2019년에는 느헤미야 교회협의회와 공동으로 〈목회자 콜로키움〉을 4월과 10월에 마련했다. 이번 콜로키움은 느헤미야 교회협의회 출범 이후, 회원교회 목회자들을 대상으로 느헤미야의 정신과 한국교회를 향한 공동의 사명을 되새김으로써, 양자의 관계를 견고하게 다지는 목적 하에 준비되었다. 4월 25일-26일에 진행된 1차 콜로키움의 주제는 "하나님나라를 어떻게 볼 것인가?"였고, 박철수 목사, 김근주, 배덕만, 김선용, 김동춘, 김형원 교수가 발표했다. 『하나님나라: 기독교란 무엇인가』의 저자인 박철수 목사가 하나님나라에 대한 전반적인 주제를 소개했고, 느헤미야 교수들이 각자의 전공과 한국교회의 상황을 고려하여 발제를 이어갔다.[159] 10월 24일-26일에 진행된 제2차 콜로키움은 "교회와 공동체"란 주제 하에, 김형원 교수가 강의를 홀로 감당했다. 김 교수는 지난 16년간 직접 목회했던 하.나.의.교회의 사례를 소개하면서 도심공동체의 이론과 실제를 다루었고, 참석자들과 하.나.의.교회를 방문하는 시간도 가졌다.[160]

---

157) 여러 사람의 발표와 토론으로 구성된 심포지엄과 달리, 콜로키움(colloquium)은 한 사람이 발표하고 참여자들이 토론을 통해 의견을 조율하는 토론방식이다.

158) 「2014년 정기총회 자료집」, 7.

159) 「2019년 4차 연구위원회 회의록」(2019. 5. 19), 1.

160) 「2019년 11차 연구위원회 회의록」(2019. 12. 1.), 1.

2013년, 6월부터 10월까지 총 5차례에 걸쳐, 〈노동신학 세미나〉가 열렸다. 이 행사는 느헤미야와 평화누리가 공동으로 개최했다. 김근주, 김동춘, 조석민, 권연경, 배덕만 교수가 차례로 발표했고, 참석자들과 질의응답 시간이 이어졌다.[161] 노동은 인간의 숭고한 창조목적이며, 이 땅에서 하나님의 창조사역을 이어가는 숭고한 행위임에도, 자본주의 체제 내에서 노동의 본질이 훼손되고 말았다. 그럼에도, 한국교회 내에서 특히 복음주의 신학자들 사이에서 이 문제에 대한 관심은 거의 찾아 볼 수 없었다. 이런 상황에서, 느헤미야 교수들이 각자의 전공에서 '노동'의 신학적 의미와 현실을 다루면서, 한국교회가 노동의 가치와 부조리한 현실에 보다 진지한 관심을 갖도록 요청했다. 연인원 123명이 참석한 이 세미나에서 발표된 글은 박영호 교수한일장신대의 글을 포함하여 2018년 『노동하는 그리스도인』이란 제목으로 출판되었다.[162]

2014년에는 풀러신학교의 〈김세윤 교수 초청 세미나〉가 느헤미야와 복음주의교회연합의 공동 주최로 12월 16일 서울영동교회에서 열렸다. 이날 세미나는 오후 3:30-9:30에 두 차례 진행되었다.[163] 먼저, 목회자 대상으로 진행된 첫 번째 세미나에 300여명이 참석했고, 저녁에 평신도 대상으로 진행된 두 번째 모임에는 250여명이 참석했다. 김 교수는 교회의 본질, 한국교회의 현실, 그리고 이에 대한 대안을 제시했다. 먼저 그는 교회를 "세상에 하나님의 샬롬을 가져오는 구원의 실행자"라고 전제한 후, 교회가 정의와 인권의 확대에 기여해야 한다고 주장했다. "열방이 예수 그리스도의 이름에 믿음의 순종을 하는 것, 온 세상이 창조주 하나님을 알고 통치를 받게 하는 것이 교회의 사명이고 본질"이기 때문이다. 이어서 "주일성수·헌금·전도의 세 가지 의무 사항과 술·담배·제사·음행

---

161)「2014년 정기총회 자료집」, 7.
162) 김근주 외, 『노동하는 그리스도인』(대전: 대장간, 2018).
163)「2014년 정기총회 자료집」, 6.

안 하기의 세 가지 금기사항"에 집착하는 "소극적 경건주의"를 극복해야 한다고 당부했다.[164]

2016년 3월 28일에는 100주년기념관 사회봉사관에서 성서한국과 공동으로, 〈청춘력발상토크: 청춘을 위한 정치〉를 개최했다. 4월 13일로 예정된 20대 국회의원 선거를 앞두고, 특히 청년들을 위한 정치담론의 장을 마련한 것인데, 이야기 손님으로 김형원 교수, 변상욱 기자, 오찬호 작가가 출현했다. 이 자리에서 당면한 선거에 대한 각자의 전망, 그리고 한국정치의 쟁점과 지형도의 변화, 특히 젊은 세대의 새로운 환경과 문제, 정치적 성향 등에 대한 다양한 논의가 이어졌고, '길가는 밴드'의 공연으로 현장의 분위기가 한층 무르익었다.[165]

또한, 느헤미야는 초기부터 교수들의 연구서가 출판될 때, 이를 축하하고 연구업적을 대중에게 소개하는 〈북콘서트/북토크〉도 수차례 진행했다. 이것은 개인의 독자적인 결과물을 소개한 경우와, 교수들의 공동연구를 소개하는 경우로 구분할 수 있다. 먼저, 개인저서를 위한 북토크 역사는 2010년 11월 27일에 처음 시작되었다. 이 날은 느헤미야가 동교동에 자체 연구공간을 마련하고 입주예배를 드린 날이다. 이 날을 기념하여 권연경, 배덕만 교수의 출판 강연회가 함께 진행된 것이다. 때마침, 권 교수의 『로마서 산책』복있는사람과 배 교수의 『한국 개신교근본주의』대장간가 9월에 출판되었기 때문에 함께 축하하는 자리를 가질 수 있었다.[166]

이어서 2012년 3월 27일 명동 청어람에서 김형원 교수의 신간 『정치하는 그리스도인』의 출판을 기념해서 〈북토크 & 정치토크〉를 준비했다. 2012년은

---

164) 한경민, "김세윤 교수, '교회가 정의 인권 확대 앞장서야'-느헤미야 복교연 주최 평신도를 위한 강좌서 '금과 빛' 역할 등한시한 한국교회 비판," 「뉴스앤조이」(2013. 12. 17).
165)「2016년 3차 연구위원회 회의록」(2016. 4. 22), 2.
166)「2011년 정기총회 자료집」, 11.

정치적으로 매우 중요한 해였다. 즉, 4월 11일 국회의원 선거, 그리고 12월 19일 대통령 선거를 연달아 치렀던 것이다. 자연스럽게, 정치적 관심이 고조되었다. 이렇게 중요한 정치 일정에 앞서, 김형원 교수가 그리스도인의 정치참여 문제를 신학적으로 분석한 연구서를 출판했기에, 이것을 계기로 한국교회와 정치의 상관관계를 논하는 자리가 마련된 것이다. 이날 토론의 패널로 고상환사회, 김형원. 구교형, 배덕만이 참여했으며, 60여명의 청중이 자리를 함께 했다.[167]

한편, 공동저작 출판기념 북토크는 2014년 5월 30일 100주년기념교회 사회봉사관에서 처음으로 열렸다. 그동안 팟캐스트에서 교수들이 함께 다룬 내용을 홍성사가 편집하여 세 권의 책으로 출판했는데, 이날 행사는 그 출판을 축하하는 자리였다. 이때 세상에 나온 책은 『세습목사, 힐링이 필요해?』, 『랄랄라, 방언 받으셨어요?』, 『정치와 술, 왜 못해?』였다. "교수들이 신학과 삶을 접목시켜 재미있게 풀어낸 '일상의 신학'이 담겨 있다"는 평가를 받았다.[168] 이날 출판기념회는 출판 배경과 책 내용을 소개하는 시간과 함께, 특별공연, '헷갈리는 주일과 안식일'을 주제로 한 공개 팟캐스트, 참석자들과의 대화, 사인회 등으로 다채롭게 꾸며졌다. 그 외에 열린 북토크의 기록은 다음과 같다.

일시	장소	저자	저서	패널
2013. 5. 20	명동 청어람	권연경	갈라디아서 어떻게 읽을 것인가	전성민, 김종일
2013. 9. 23	IVP 산책	김근주	특강 예레미야	
2014. 5. 14	느헤미야	박득훈	돈에서 해방된 교회	김근주
2015. 3. 30	느헤미야	권연경	일상, 부활을 살다	
2015. 5. 13	느헤미야	교수전원	안식일이냐 주일이냐	

---

167) 「2013년 정기 총회 자료집」, 5.
168) 박민규, "기독연구원 출판기념회," 「기독신문」(2014. 5. 27).

2. 출판

지난 10년간 느헤미야 교수들은 강의 외에 연구와 집필 활동에도 최선을 다하여, 다수의 저서들을 출판했다. 교수들이 자신의 연구영역에서 독자적으로 수행한 연구 결과를 지속적으로 생산했을 뿐 아니라, 팟캐스트, 캠프, 특강, 포럼, 컨퍼런스 등에서 함께 발표했던 논문들을 엮어, 책으로 펴내기도 했다. 그동안 출판된 도서들을 분류하여 소개하면 다음과 같다.

먼저, 느헤미야 교수들이 단독으로 연구하여 출판한 저서들이다. 이 경우에 해당하는 저서는 연구서와 번역서로 구별되고, 연구서는 단독 저서와 공동 저서로 다시 구분된다. 또한, 단독 저서의 경우, 다양한 출판사에서 교수들이 개별적으로 출판한 경우, 그리고 느헤미야 입문과정에서 교과서로 사용할 목적으로 도서출판 대장간에서 '숲 시리즈'로 출판한 저서로 다시 구분된다.

먼저, 교수들의 단독 저서 목록은 다음의 표와 같다.

연도	저자/역자	제목	출판사
2010	권연경	로마서산책	복있는사람
	김근주	이사야가 본 환상	비블리카아카데미아
	배덕만	한국개신교근본주의	대장간
	배덕만	세상을 바꾸는 도전	대장간
2011	조석민	그리스도인의 세상 보기	대장간
2012	김형원	정치하는 그리스도인	SFC
	김동춘	전환기의 한국교회	대장간
	배덕만	성령을 받으라	대장간
2013	김근주	특강, 예레미야	IVP
	권연경	갈라디아서 어떻게 읽을것인가	성서유니온선교회
	배덕만	소명	대장간

2014	김근주	구약의 숲	대장간
	김근주	구약으로 읽는 부활신앙	SFC
	김형원	기독교 신학의 숲 1, 2	대장간
	박득훈	돈에서 해방된 교회	포이에마
2015	권연경	행위 없는 구원	SFC
	김근주	소예언서 어떻게 읽을 것인가	성서유니온선교회
	배덕만	교회사의 숲	대장간
	조석민	요한복음의 새관점	솔로몬
2016	김근주	소예언서 어떻게 읽을 것인가2	성서유니온선교회
	배덕만	교회, 세습 하지 맙시다	홍성사
	조석민	고린도후서 주석	이레서원
2017	권연경	로마서 13장 다시 읽기	뉴스앤조이
	김근주	나를 넘어서는 성경 읽기	성서유니온선교회
	김근주	복음의 공공성	비아토르
2018	권연경	위선	IVP
	권연경	갈라디아서 산책	복있는사람
	김근주	소예언서 어떻게 읽을 것인가3	성서유니온선교회
	김형원	소명, 그 거룩한 일상	대장간
	배덕만	한국교회, 인문주의에서 답을 찾다	대장간
	조석민	신약성서의 여성	대장간
2019	권지성	특강 욥기	IVP
	김근주	다니엘처럼	대장간
	조석민	이해와 설교를 위한 요한복음	이레서원
2020	권연경	모의리	숭실대출판부
	김근주	네 이웃을 내 몸과 같이	NICS
	김형원	교회는 어떤 공동체인가?	느헤미야
	배덕만	세계화시대의 그리스도교	홍성사
	배덕만	복음주의 리포트	대장간
	배덕만	우리는 교회인가?	대장간

교수들이 각자의 영역에서 번역서도 꾸준히 출판했다. 그 목록은 다음과 같다.

연도	역자	저자	제목	출판사
2010	배덕만	베리 칼렌	급진적 기독교	대장간
2011	권연경	앤토니 C. 티슬턴	고린도전서	SFC
	김형원	김세윤 등	탐욕의 복음을 버려라	새물결플러스
2013	배덕만	디아메이드 맥클로흐	3천년 기독교의 역사 2	CLC
	배덕만	토니 캠폴로	레드레터 크리스찬	대장간
2014	배덕만	디아메이드 맥클로흐	초기 기독교사상의 정신	CLC
	배덕만	제임스 D. 헌터	기독교는 세상을 어떻게 변화시키는가	새물결플러스
2015	권연경	유지 피터슨	일상, 부활을 살다	복있는사람
	배덕만	켈리 M. 컬버그	하버드 천재들, 하나님을 만나다	새물결플러스
2016	김형원	오스 기니스	선지자적 반시대성	이레서원
	김형원	제임스 패커 등	칭의의 여러 얼굴	이레서원
2017	배덕만	디아메이드 맥클로흐	그리스도교의 역사와 침묵	CLC
	배덕만	니콜라스 월터스토프	월터스토프 하나님의 정의	복있는사람

교수들은 공동저서도 여러 차례 출판했다. 이것은 다시 여러 출판사들에서 기획한 프로젝트에 공동저자로 참여한 경우, 느헤미야가 자체적으로 기획한 프로젝트에 공동으로 참여한 경우로 구분된다. 먼저, 여러 출판사의 기획 프로젝트에 개별적으로 참여한 경우는 다음과 같다.

연도	저자	제목	출판사	비고
2010	배덕만	성령과 기독교신학	대한기독교서회	외18명
	배덕만	문화시대의 창의적 그리스도인	두란노아카데미	외11명

2011	배덕만	변화하는 한국교회와 복음주의운동	두란노아카데미	외 8명
	배덕만	한국기독교사 탐구	대한기독교서회	외 명
2012	김근주, 김형원	정치하는 교회 투표하는 그리스도인	새물결플러스	외 14명
	김근주	희년, 한국사회, 하나님나라	홍성사	외 5명
2017	김근주	성경을 보는 눈	성서유니온	외 2명
	권연경, 김근주, 박득훈	터닝포인트	뉴스앤조이	외 3명
2019	권지성	성폭력, 성경, 한국교회	CLC	외 9명
2020	권지성, 배덕만	혐오와 한국교회	삼인	외 13명

다음으로, 느헤미야 자체 기획으로 출판된 공동연구서들이 있다. 정규 강의 외에 다양한 이름의 특강을 함께 진행했고, 이들 중 상당수의 내용을 정리하여 공동저작으로 출판했다. 교수들이 느헤미야에서 공동으로 발표했던 글들은 두 가지로 분류되어 출판되었다. 하나는 〈이슈북〉 시리즈로 출판된 것이다. 이렇게 공동저작을 꾸준히 낼 수 있었던 것은 그동안 느헤미야가 특정한 신학적·사회적 주제들이 긴급히 요청될 때마다 각자의 전공에서 동일한 주제를 연구하여 특강, 포럼, 콜로키움 등에서 함께 발표했기 때문이다. 또 하나는 〈신학총서〉 시리즈다. 〈이슈북〉의 경우, 느헤미야 교수들과 '외부 활동가들'이 해당 주제와 관련된 특강이나 포럼을 진행하고, 그 발표 자료들을 다듬어 책으로 묶었다. 반면, 〈신학총서〉는 느헤미야 교수들 외에, 해당 주제에 관한 '외부 신학자들'을 필자로 초청하여 공동으로 책을 집필하고, 책의 출판을 기념하여 일부 필자들이 대표로 공개강의를 진행했다. 이 책들은 느헤미야와 오랫동안 긴밀한 관계를 유지해 온 도서출판 대장간이 주로 출판을 담당했으며, 그 외 몇 권은 홍성사와 새물결플러스에서 출판되었다. 한편, 2020년부터는 도서출판 대장간의 임프린트 형

식으로 NICS현재는 '느헤미야'란 이름하에 출판되기 시작했다. 느헤미야 교수들이 공동으로 기획하여 출판한 서적들은 다음과 같다.

연도	저자	제목	출판사	비고
2013	기독연구원 느헤미야	세습목사, 힐링이 필요해?	홍성사	느헤미야 팟케스트 1
2014	기독연구원 느헤미야	랄랄라, 방언 받으셨나요?	홍성사	느헤미야 팟케스트 2
	기독연구원 느헤미야	정치와 술, 왜 못해?	홍성사	느헤미야 팟케스트 3
	조석민 외 6명	세월호와 역사의 고통에 신학이 답하다	대장간	이슈북 시리즈 1
2015	김근주 외 4명	안식이이냐 주일이냐	대장간	이슈북 시리즈 2
	조석민 외 4명	목사란 무엇인가	대장간	이슈북 시리즈 3
	권연경 외 4명	한국교회 설교, 무엇이 문제인가	대장간	이슈북 시리즈 4
2016	김근주 외 3명	권력과 맘몬에 물든 한국교회	대장간	이슈북 시리즈 5
	김근주 외 3명	복음과 정치	대장간	이슈북 시리즈 6
	김동춘 외 3명	성전과 예배당	대장간	이슈북 시리즈 7
2017	김동춘 외	칭의와 정의	새물결 플러스	학술총서 1
2018	김근주 외 6	노동하는 그리스도인	대장간	이슈북 시리즈 8

제7장 • 방송과 언론

1. 팟캐스트

느헤미야는 다양한 형식의 공개강의를 시도해왔다. 하지만 인터넷 환경의 빠른 변화와 SNS의 대중적 확산에 따라 새로운 방식의 사역에도 끊임없이 도전했다. 이런 변화에 적응하기 위해 2011년 6월 11일, 청어람아카데미의 정수현 실장을 초대하여, 연구위원, 실행위원, 수강생을 대상으로 SNS특강을 마련했다. 그리고 2012년 5월부터 교수들이 모여 팟캐스트 〈에고 에이미〉를 시작했다. 평소 정규수업이나 다른 공개강의에선 다루기 쉽지 않지만, 교인들이 궁금해 하던 다양한 신학적·신앙적 주제들을 선정하여, 교수들이 자유롭고 직설적으로 자신들의 생각을 발언하는 일종의 '신학자들의 수다 시간'이었다.

최초의 녹음은 2012년 3월 4일 저녁 6시 느헤미야 강의실에서 느헤미야 연구위원 전원과 고상환 처장, 한병선 실행위원이 참석하여 진행되었다. 이날 발제는 배덕만 교수, 사회는 전성민 교수가 맡았고, 주제는 "그리스도인의 소유관"이었다.[169] 이날 녹음된 내용이 5월 4일 온라인에 게시되었다.[170] 그해에 11월 말까지 총11회가 방송되었는데, 설교, 정치, 힐링, 새벽기도, 목회자 세습 등

---

169)「2012년 4차 연구위원회 회의록」(2012. 4. 15), 1.
170)「2012년 5차 연구위원회 회의록」(2012. 5. 27), 1.

을 다루었다.[171] 2013년 4월부터 시즌2가 시작되어 총16회를 제작했다. 이때는 교회생활에서 경험하는 보다 현실적인 이슈들을 다루었다. 방언, QT, 이단, 헌금, 자살, 음주, 추모예배, 신학교 등에 대해, 교수들이 자신들의 생각을 경쟁적으로 쏟아냈다. 특히, 12월에는 3차례에 걸쳐, 느헤미야가 목회자 양성과정을 시작하는 이유와 지향점을 심층적으로 다루었다.[172] 팟캐스트는 2014년에 정점에 달했다. 이후, 교수들의 일정이 바빠지고 주제도 한계에 봉착하면서, 모든 교수들이 함께 모여 집담회 형식으로 진행되던 형식을 더 이상 고집하기 어려웠다. 그래서 교수 개인의 특강이나 북토크, 포럼과 신학캠프를 녹음하여 팟캐스트로 내보내기 시작했다. 특별히 주목할 것은 세월호와 문창극 사태로 전국이 요동칠 때, 느헤미야에서 긴급 포럼을 진행하고 팟캐스트로 방송한 것이다.[173] 당시에는 방송장비나 공간이 말할 수 없이 열악했지만, 모든 교수들이 시간 가는 줄 모르고 즐거이 녹음에 참여했다. 한편, 팟캐스트를 시작하는 과정에서 시흥교회 황영하 집사와 연구과정 학생 강도영 군이 큰 수고와 많은 도움을 주었다. 감사를 표하지 않을 수 없다.

느헤미야의 팟캐스트는 당시에 한국교회에서 상당한 반향을 불러왔다. 팟캐스트가 새로운 형식의 비제도권 방송양식으로 급속히 확산되면서 대중적 기반을 확보해 갈 때, 〈에고 에이미〉는 개신교 영역에서 매우 예외적인 '신학 팟캐스트'로서 느헤미야의 존재감을 대중적으로 확장하는데 크게 기여했던 것이다. 그 결과 2014년 6월 13일자 「국민일보」에 실린 기독교 팟캐스트에 대한 기사에서, 느헤미야의 〈에고에이미〉가 중요한 사례로 소개되기도 했다.

---

171) 2012년 방송된 팟캐스트 일정과 주제에 대해선, 「2013년 정기총회 자료집」, 9를 참조.
172) 2013년 '에고에이미' 시즌 2에 대해선, 「2014년 정기총회 자료집」, 9를 참조.
173) 「2015년 정기총회 자료집」, 9.

2012년 5월 20일 방송된 기독연구원 느헤미야의 팟캐스트 '에고에이미'의 2회분 방송 내용이다. 부제는 '설교-10년 넘게 같은 이야기,' 에고에이미는 '나는 ~이다'는 의미의 헬라어. 한국기독교의 이슈와 신학적 주제를 신학자들과 기독교인들이 모여 허심탄회하게 얘기한다는 취지로 시작한 이 방송은 '한국교회는 보수적인가' '새벽기도' '한국교회 목회자의 세습' '방언은 필수적인가' '이단' '헌금에 대하여' '돈에서 해방된 교회' 등 다양한 이슈를 다뤄왔다. 지난 3월부터는 여기서 다뤘던 주제를 묶어 '느헤미야 팟캐스트' 시리즈를 3권까지 출간했다. 책 뒷면에는 '저희 이상한 방송 아녜요. 그냥 꼭꼭 씹어 줄 뿐'이라는 카피를 썼다.[174]

2015년부터 팟캐스트를 집단적·지속적으로 제작하는 것이 점점 더 어려워져서, 이 해에는 2회밖에 제작하지 못했다. 2016년부터 팟캐스트 타이틀을 〈채널 느헤미야〉로 변경하고, 그 안에 '와일드 카드 영화 속으로' 'BOOK 케미야' '배근원의 에고에이미' 등의 코너를 새로 편성했다.[175] 이런 포맷으로 팟캐스트가 수년간 지속되었지만, 느헤미야 사역에서 그 비중은 급격히 약화되고 말았다.

2. 방송과 언론

느헤미야는 출범부터 기독교계 언론의 주목을 받았다. 느헤미야 과정에

---

174) 신상목, "허심탄회 솔직담백… 기독교 팟캐스트 이유 있는 인기," 「국민일보」(2014. 6. 13).
175) 「2017년 이사회 정기총회 자료집」, 11.

대한 소개와 다양한 활동 및 행사들이 지속적으로 신문과 방송을 통해 소개된 것이다. 뿐만 아니라, 교수들과 학생들이 직접 출현하고 인터뷰 대상이 되기도 했다.

(1) CBS

한국의 에큐메니컬 운동의 대표적인 기관이자 오랜 세월 진보 언론을 대표해온 〈기독교방송〉CBS은 느헤미야 설립 초기부터 지금까지 느헤미야와 여러 방식으로 협력하며 긴밀한 관계를 유지해왔다. 예를 들어, 2013년 5월 8일, 김형원, 김근주, 배덕만 교수가 CBS 라디오 〈광장〉에 출연하여, 팟캐스트 〈에고에이미〉와 관련하여 대담을 진행했다. 이것은 느헤미야 교수들이 느헤미야 소속으로 방송에 출연한 최초의 경우다.[176] 같은 해 8월 22일에도 CBS TV 〈크리스천 NOW〉에 김형원, 권연경, 김근주 교수가 출연하여, 느헤미야를 소개하고 팟캐스트를 재연했다.[177] 2014년 11월 14일, CBS 〈노컷뉴스〉는 "신뢰 잃은 한국교회에 부는 대안적 바람"이란 제목 하에, 기독연구원 느헤미야의 신학연구과정을 소개했다. 김준혁 학생과 김형원 원장의 인터뷰가 방송되었으며, 다음과 같이 신학연구과정의 설립과정과 특징을 설명했다.

기독연구원 느헤미야는 지난 5년 동안 '평신도를 깨워서 세상 속에서 올바른 그리스도인으로서 살아가도록 돕는 신학교육과정'을 운영해왔다. 그러다

---

176) 이날 녹음한 내용은 5월 12일에 방송되었다. CBS 광장 홈페이지는 느헤미야 팟캐스트를 다음과 같이 소개했다. "한국 교회의 건강성 회복을 위해 설립된 기독연구원 느헤미야. 그런데, 기독연구원 느헤미야가 〈나꼼수〉보다 더 재밌고, 유익한 팟캐스트를 시작했습니다. 교회세습, 목회자의 성윤리, 기독교적 관점에서 본 힐링, 대형교회 신축 등에 대해 돌직구를 날리고 있는데요. 'CBS 광장'이 이 분들을 만나봅니다."
177) 이날 방송은 유튜브에서 확인할 수 있다. https://www.youtube.com/watch?v=RGsCG-o6HGuw.

정작 '한국교회가 변하려면 목회자들이 변화돼야 한다'는 판단에 교단과 자본으로부터 자유로운 목회자 양성 과정을 마련한 것이다. 세상 속에서 그리스도인과 교회의 공적 책임을 분명하게 천명하는 것이 느헤미야 신학과정의 정체성이다. 그 뜻에 공감한 18명이 현재 목회학 연구과정을 밟고 있다.[178]

2017년 2월 13일에는 연구과정 제1회 졸업식 소식이 CBS 〈노컷뉴스〉를 통해 방송되었다. 졸업식 장면들과 함께 두 명의 졸업생 강도영과 김경모의 인터뷰도 소개되었다. 김경모 졸업생은 자신이 느헤미야에서 공부한 이유를 "학위를 인정받지 못하더라도 제대로 배워보겠다는 '확신'이 있었기 때문이다."고 밝혔다. 이어서 현장을 취재했던 최경배 기자는 "한국교회가 회복되려면 목회자가 변해야 한다는 생각으로 목회자 양성에 나선 기독연구원 느헤미야의 꿈이 이들이 배출한 졸업생들을 통해 자라나고 있습니다."라고 방송을 마무리했다.[179] 같은 해 11월 2일에도 CBS 〈노컷뉴스〉는 느헤미야의 역사, 과정, 현황 등을 간략히 정리하여 보도했다.

서울 동교동에 위치한 기독연구원 느헤미야. 대안 신학교육기관으로 잘 알려져 있지만 그 시작은 평신도 교육이었다. 성서한국 참가자들이 단순한 성경공부 이상의 신학적 물음과 답을 찾는 모습을 보고, 성서한국 강사들이 재능기부로 참여해 만들었다. 기독연구원 느헤미야라고 이름 지은 이유도, 평신도로서 성전 재건에 나섰던 느헤미야를 본 딴 것이다. 1학년 2학기 체계인 교육은 성경공부 뿐 아니라, 신학, 조직신학, 교리 등 신학교에서 배우는 입문 수준의 강의로 이뤄진다. 학기마다 평균 100명, 대전에 따로 마련된 강의

---

178) 조혜진, "신뢰 잃은 한국교회에 부는 대안적 바람," 「CBS 노컷뉴스」 (2014. 11. 14).
179) 최경배, "기독연구원 느헤미야 첫 목회자 후보생 배출," 「CBS 노컷뉴스」 (2017. 2. 13).

까지 합치면 150명 정도가 모인다. 벌써 8년째 다녀간 연인원이 어림잡아도 1천 500명은 넘는다.[180)

(2) 「뉴스앤조이」

「뉴스앤조이」는 2000년에 창간된 이후 한국교회의 개혁을 위한 "광야의 외침"으로서 외롭고 험한 길을 당당히 걸어왔다. 동시에, 지난 10년 동안 느헤미야의 가장 친밀한 동역자로서 느헤미야의 활동을 세상에 지속적으로 널리 알리는데 가장 큰 도움을 주기도 했다. 몇 가지 경우만 소개해 본다.

2016년 7월 6일~9일에 성서대전, 성서대구, 성서부산 연합으로 '2016 하나님나라 공동체 수련회'가 열렸다. 이 수련회에 느헤미야 교수들이 주강사로 참여했고, 느헤미야 이사인 안재영 장로가 가방을 후원했다. 그런데 「뉴스앤조이」가 이 대회를 밀착 취재하여 상세히 보도한 것이다.[181) 이어서 8월 25일, 부산중앙교회에서 부산교회개혁연대와 느헤미야가 공동으로 '일상과 제자도' 특강을, 8월 27일에는 같은 장소에서 김형원 교수의 특강 '탈교회 시대, 교회를 말하다'가 진행되었다. 이 행사들도 「뉴스앤조이」가 놓치지 않고 보도했다.[182)

2017년 11월 27일에는 "신학자 김근주 배덕만 1인 시위"란 제목의 기사가 「뉴스앤조이」에 실렸다.[183) 교회개혁실천연대가 명성교회 세습철회를 촉구하는 1인 시위를 기획하여 진행했고, 수많은 기독교계 인사들이 시위에 참여했다. 이 행사에 느헤미야의 두 교수도 동참한 것이다. 그런데 두 사람이 대한예수

---

180) 천수연, "목사교회가 돼 버린 한국교회에 울분 느낀다," 「CBS 노컷뉴스」 (2017. 11. 2).
181) 강도현, "수련회에서 '뜨거운' 찬양 안 해도 돼요?-'청년 함께' 수련회…'청년들, 교회에서 주체성 회복해야'," 「뉴스앤조이」 (2016. 7. 9).
182) 안현식, "탈교회 시대, 교회를 말하다-8월 27일 오후 2시 부산중앙교회…부산교회개혁연대 특강," 「뉴스앤조이」 (2016. 8. 19).
183) 이용필, "'세습 철회하면 정말 '명성' 있는 교회 될 것'-신학자 김근주 배덕만 1인 시위…신청자도 참여," 「뉴스앤조이」 (2017. 11. 27).

교장로회 통합 총회 회관 앞에서 1인 시위를 진행할 때, 뉴스앤조이 기자가 그 상황을 현장에서 인터넷 방송으로 중계했고, 이에 대한 기사도 작성하여 보도했다.

2018년 10월 17일, 「뉴스앤조이」는 느헤미야가 사단법인 설립을 위해 기금마련 캠페인을 시작한다는 소식도 상세히 보도했다. 느헤미야의 지난 역사와 현재 상황을 소개하고, 사단법인 추진의 이유도 설명했다. 이어서 김형원 원장과 인터뷰 내용을 길게 실은 후, 서울시 종교법인 등록을 위해 "100명 이상의 창립회원과 3억 원 이상의 기본재산이 수반되어야 합니다."란 문구가 담긴 '가칭사단법인 느헤미야 설립을 위한 회원 및 출자금 모금' 광고 전문도 담아주었다.[184]

한편, 2018년 9월에 시작된 예장합동총회의 복음주의 6개 단체 조사 문제를 지속적으로 상세히 취재·보도한 언론도 「뉴스앤조이」였다. 합동의 결정에 대한 느헤미야를 포함한 6개 단체의 입장을 신속하고 충실하게 보도했으며, 합동 연구위원들의 최종 보고서와 이에 대한 합동 총회의 결의사항도 상세히 전해주었다. 물론, 국민일보, 한국경제, 기독일보, 크리스천투데이, 리폼드뉴스 등도 이 사건을 주목하고 보도했지만, 「뉴스앤조이」는 이 기간 동안 6개 단체의 가장 든든한 우군이 되어주었다.[185]

---

184) 최승현, "'기독연구원 느헤미야' 사단법인 추진, 창립 회원 모집-1인 10만 원씩 3000명, 12월까지 1차 모금," 「뉴스앤조이」 (2018. 10. 4).

185) 장명성, "'복음주의 단체 사상 조사, 선정 기준 사유 밝혀라'-복음주의권6개단체대책위, 예장합동에 공개 질의서 발송," 「뉴스앤조이」 (2018. 9. 21). 최승현, "예장합동 복음주의 단체 조사에 이정훈 교수 참여-청어람ARMC 조사 담당…자격, 이념 편향, 공정성 의문," 「뉴스앤조이」 (2019. 3. 19). 최승현, "[합동4] 신학부 '성서한국 느헤미야 청어람 개혁연대 참여하려면 목사와 당회 지도받아야'(전문)-'동성애 낙태 페미니즘 이신칭의 등 교단 입장과 달라'…좋은교사운동 <복음과상황>은 참여 권장," 「뉴스앤조이」 (2019. 9. 23).

(3) 「국민일보」

유일한 기독교 일간지인 「국민일보」도 느헤미야의 여러 활동과 행사를 꾸준히 보도했다. 대표적인 예가 2014년 6월 13일에 느헤미야의 팟캐스트를 소개한 경우다. 당시에 팟캐스트가 유행하면서, 이에 대한 관심이 고조되고 있었는데, 느헤미야를 대표적인 예로 상세히 소개한 것이다. 특히, 기사 말미에 이동현 교회정보기술연구원장의 평가가 실렸는데, 그 내용은 다음과 같다.

> 목사님들에게 물어보고 싶은데 물을 수 없는 주제를 편안하고 재미있게 들을 수 있다는 장점이 최근 기독교 팟캐스트의 인기로 보인다...말하는 사람이 혼자가 아니라 여러 명이 등장해 직설적이며 격의 없이 이야기하는 방식이 어필하는 것이다.[186]

2016년에는 박근혜 전 대통령의 연설문 유출로 대통령 탄핵과 하야 요청이 들불처럼 퍼져갈 때, 「국민일보」는 느헤미야 신학연구과정의 동아리 '사회참여 동아리'(사참동)가 발표한 성명서가 기독교계에서 큰 주목을 받는다고 보도하면서 성명서 일부를 함께 실었다.

> 우리는 지금껏 배워 온 성경의 가르침에 근거하여 신앙적 양심에 따라 현 정권을 규탄한다... 이미 이 정권의 국정 공백과 정치적 혼란은 극에 달했고, 국민의 삶은 각자도생의 상황에 처해있다. 그렇기에 우리 기독연구원 느헤미야 사회참여 동아리는 우리 전원의 이름으로 박근혜가 하나님과 국민 앞에 사죄하고 모든 책임을 지고 물러날 것을 엄숙히 요구한다.[187]

---

186) 신상목, "허심탄회 솔직담백… 기독교 팟캐스트 이유있는 인기."
187) 신상목, "대통령 하야 목소리, 신학생들이 먼저 했다," 「국민일보」 (2016. 10. 25).

(4) 「들소리신문」

「들소리신문」은 느헤미야와 밀접한 관계에 있는 사람들의 인터뷰 기사를 여러 차례 실어 느헤미야를 세상에 알리는데 도움을 주었다. 먼저, 2016년 5월 18일, 고상환 사무처장의 인터뷰 기사가 실렸다. 이 인터뷰에서 고 처장은 자신이 평신도로서 신학을 공부하고 교회개혁운동과 느헤미야에 참여한 과정을 설명한 후, 기독연구원 느헤미야의 역사와 비전을 소개했다. 특히, 평신도 신학공부의 필요성과 느헤미야를 향한 자신의 궁극적 소망도 진솔하게 밝혔는데, 이 기사를 작성한 기자는 다음과 같이 인터뷰를 마무리했다.

> 꼭 목회만이 정답이 아니라 자신이 잘 할 수 있는 분야에서, 내가 살아가는 현장에서 성직자로 살아가는 것이 중요하다는 걸 말하는 것이다. 그 걸음은 목사뿐 아니라 성도들도 마땅히 그래야 한다고. 그리고 나도 신학 한 평신도로서 내 삶에서 신앙을 풀어내고 싶다고. 그런 의미에서 기독연구원 느헤미야는 고상환 사무처장에겐 한국교회의 변화를 꿈꾸는 '꿈 터'이자 신앙 터전이다.[188]

2017년 3월 8일에는 느헤미야 최초의 학생 중 한 명인 전갑수 집사의 인터뷰 기사가 실렸다. 그는 전통적인 기복신앙에 젖어 있었던 평범한 신자였다. 하지만 출석하던 교회가 성장하면서 현실과 타협하자 실망하여 교회를 떠났고, 이후 시작된 신앙적 여정에서 느헤미야를 만났다. 당시, 칼국수집을 운영하면서 희년정신을 실현하고 싶은 소망을 담담히 소개했다.[189] 2018년에도 느헤미야 관련 인물이 소개되었다. 입문과정 제1회 졸업생 김석주 집사의 인터뷰 기사가

---

188) 정찬양, "왜곡된 복음 바로잡는 개혁의 방향," 「들소리신문」(2016. 5. 18).
189) 정찬양, "갈등 있더라도 공동체 속에서 신앙 키워가라," 「들소리신문」(2017. 3. 8).

11월 7일에 나온 것이다. 기사에 따르면, 그는 2만 개의 자동차 부품 번호를 다 외우는 유능한 기업인이자 안수집사다. 하지만 출석하는 교회가 담임목사 청빙 문제로 어려움을 겪으면서 교회개혁운동을 접했고, 그 연장선에서 기독연구원 느헤미야를 알게 되어 6년간 공부했다. 이 경험을 통해 신학공부, 특히 독서의 중요성을 깨달아서, 현재 교회와 직장에서 독서모임을 이끌고 있다. 성경을 공부하며 "교회 사랑하는 방법도 삶도 바뀌었다"는 것이 그의 고백이다.[190]

3. 도서출판 대장간

느헤미야의 지난 10년의 역사에서 도서출판 대장간(이하 대장간)은 가장 중요한 동지요 후원자였다. 대장간의 배용하 대표는 느헤미야 설립 이전부터 느헤미야 교수들과 개인적인 친분이 두터웠다. 하지만 2013년 12월 23일, 느헤미야와 대장간이 출판협약을 체결함으로써 양자의 관계는 공적인 관계로 발전했다.[191] 지금까지 느헤미야와 출판협약을 맺은 출판사는 대장간이 유일하며, 그 결과 지난 10년간 느헤미야가 출판한 대부분의 책이 대장간을 통해 세상에 나왔다.

물론, 공식적인 출판협약 이전에도, 김동춘, 배덕만 교수가 개인적으로 대장간에서 책을 출판했지만, 2014년부터 대장간을 통해 〈느헤미야 기독교 입문 시리즈〉와 〈이슈북 시리즈〉가 본격적으로 출판되기 시작했다. 특히, 입문 시리즈는 입문과정 교과서로 사용하기 위해 집필되었으며, "숲"을 핵심어로 하여 지금까지 네 권이 출판되었다.[192]

---

190) 정찬양, "성경 제대로 공부하니 '건강한 교회' 보이네!," 「들소리신문」 (2018. 11. 7).
191) 「2013년 10차 연구위원회 회의록」 (2013. 12. 22-24), 1.
192) 김동춘 교수의 『기독교윤리의 숲』이 시리즈의 5번째 책으로 2021년 대장간에서 출판되었다.

김근주, 『구약의 숲』2014

김형원, 『기독교 신학의 숲 1』2014

김형원, 『기독교 신학의 숲 2』2014

배덕만, 『교회사의 숲』2015

최초의 〈이슈북〉은 2014년 8월에 나온 『세월호와 역사의 고통에 신학이 답하다』였다. 이것은 세월호 참사와 문창극 사태를 주제로 마련한 〈긴급포럼〉에서 발표된 글들을 모은 것이다. 이후, 느헤미야는 사회의 다양한 이슈들에 대해 빠르게 대응하여 신학적 답변을 제공하려고 노력했고, 그런 작업의 결과물이 〈이슈북〉으로 정리되어 지금까지 총7권이 출판되었다.

『안식일이냐 주일이냐: 복음이냐 율법이냐』2015

『목사란 무엇인가?』2015

『한국교회 설교, 무엇이 문제인가?』2015

『권력과 맘몬에 물든 한국교회』2016

『한국교회 설교, 무엇이 문제인가?』2015

『성전과 예배당』2016

2018년부터는 〈느헤미야 컨퍼런스〉에서 발표된 교수들의 논문이 〈느헤미야 렉처시리즈〉로 대장간에서 출판되기 시작하여, 지금까지 두 권이 출판되었다. 『신약성서의 여성』조석민,2018과 『네 이웃을 네 몸과 같이』김근주,2020. 동시에, 각종 시리즈와 별도로 교수들의 개인 저서들도 대장간에서 지속적으로 출판되었다.

배덕만, 『한국교회, 인문주의에서 답을 찾다』2018

_____, 『우리는 교회인가』2020

_____, 『복음주의 리포트』2020

김형원, 『소명, 그 거룩한 일상』2018

김근주, 『다니엘처럼』2019

이처럼, 대장간은 느헤미야 초창기부터 느헤미야의 주요 서적들을 거의 독점적으로 출판했다. 그 결과, 느헤미야가 자신의 신학을 정리하고 학문적 실천적 차원에서 영향력을 확대하는데 대장간의 역할과 공헌이 매우 컸다. 비록, 2020년부터 느헤미야 서적들이 NICS곧 '느헤미야'로 변경 됨란 이름으로 나오기 시작했지만, 양자의 긴밀한 관계는 변함없이 지속될 것이다.

제7장 · 참여와 연대

1. 사회참여

(1) 성명서

느헤미야가 다른 신학교육 기관들과 구별되는 여러 모습 중 하나는 다양한 사회적 쟁점들에 대해 자신의 입장을 적극적 · 공적으로 표명해온 것이다. 특별히 느헤미야의 첫 10년 동안, 한국사회와 교회는 수많은 이유로 갈등과 혼란의 시기를 보냈다. 이런 상황에서 하나님나라의 구현과 한국 기독교의 재구성이란 자신의 존재 이유를 실천하기 위해, 느헤미야는 강의실에서 진행된 수업 뿐만 아니라, 교회 밖을 향해서도 예언자적 목소리를 멈추지 않았다.

2014년 6월은 소위 "문창극 사태"로 정국이 혼란스러웠다. 박근혜 정부의 국무총리로 지명된 문창극전동아일보주필의 온누리교회 강연 내용이 KBS 〈뉴스 9〉을 통해 보도6월11일되면서 그의 친일적 역사관에 대한 비난이 거세게 터져 나온 것이다. 그러자, 그를 지지하고 보호하려는 움직임이 보수진영에서 발빠르게 전개되었다. 특히, 개신교 보수신학자들의 모임인 '샬롬을꿈꾸는나비행동' 회장 김영한이 6월 23일 「국민일보」와 「조선일보」 광고에 '샬롬을꿈꾸는나비행동'과 '샬롬나비를 지지하는 목회자들'이라는 이름으로 문창극의 역사관을 지지하는 성명서를 냈다. 느헤미야는 이를 방관할 수 없었다. 지체 없이, 김동춘 교수가 작성한 초안을 토대로 샬롬나비의 논평에 대한 공개질의서를 작성하여 발표했다 7월25일. 기본적으로, 샬롬나비가 문창극의 역사관을 식민사관이 아니라 신앙적 민족사관으로 해석한 것은 "한마디로 역사인식의 혼절이요, 역사의 변조"라고 규정하고, 다음과 같은 질문을 던졌다.

> 샬롬나비는 일제식민통치는 우리 민족을 번영으로 인도하기 위한 하나님의 섭리였다는 문창극 발언을 '하나님의 절대주권을 믿는 성경적 신앙'이라고 평가한다. 이는 참으로 위험하고도 왜곡될 소지가 많은 신학적 해석이다...우리는 일제의 만행은 하나님의 뜻이 아니라고 한 번도 규탄한 적도 없고, 그 부당함을 역설한 적도 없는 문창극의 발언을 어떤 근거로 성경적 신앙이라고 호도하는지 묻고자 한다.[193]

2015년 10월은 박근혜 정부의 한국사 교과서의 국정화 결정으로 다시 한번 국론이 분열되고 갈등이 고조되었다. 개신교 진영도 찬반으로 양분되었다. 보수진영에선 연일 국정화를 지지하면서 반대자를 종북 좌파로 규탄하는 목소리가 터져 나왔다. 느헤미야는 지체 없이 정부의 국정화 결정을 반대하는 성명서를 발표했다. 이번 성명서는 교회사가인 배덕만 교수가 초안을 작성했다. 교수들의 검토를 거친 후, 교수, 교직원, 학생 총 170명이 서명한 성명서가 10월 29일 발표되었다. 핵심적 주장은 다음과 같다.

첫째. 우리는 현행 한국사 교과서의 검인정 제도를 국정화하려는 정부의 결

---

193) 이병왕, "느헤미야, 문창극 발언 관련 샬롬나비에 공개 질의-긴급포럼 통해 샬롬나비의 '역사관 변조'에 대해서 5개 항목 질의," 「당당뉴스」(2014. 7. 28). 이곳에서 질의서 전문을 확인할 수 있다.

정을 시대착오적 비민주적 결정으로 간주하고 이를 강력히 반대합니다.

둘째. 우리는 근거 없는 비난과 이념 공세로 학계와 강단을 모욕하고, 국민에게 잘못된 정보를 유포해 분열과 갈등을 초래한 것에 대해, 정부와 청와대의 진정한 사과를 촉구합니다.

셋째. 우리는 정부의 국정화 결정을 맹목적으로 지지하고, 이것을 한국사 교과서 내에 개신교 지분을 확대할 기회로 삼으려는 일부 개신교 단체와 학자들의 행보에 개탄하며, 통렬한 반성을 촉구합니다.[194]

2018년부터는 느헤미야의 독자적 성명서보다, 뜻을 함께 하는 단체들과 공동으로 성명서를 발표하는데 집중했다. 문재인 정부가 들어선 후에도 한국사회는 다양한 쟁점으로 진보와 보수의 갈등이 지속되고, 한국교회의 만성적 질병도 쉽게 치유되지 않았다. 특히, 예멘 난민과 명성교회세습이 심각한 이슈로 떠오르면서 사회 각층에서 격렬한 논쟁이 벌어졌다.

2018년 7월 16일, 예멘 난민에 대한 사회 일각의 근거 없는 의혹 제기와 추방 요구에 대항하여 21개 단체들이 발표한 성명서에 느헤미야도 적극 동참했다. 2015년부터 시작된 내전으로 예멘 난민들이 국내에 들어오기 시작했다. 그 수가 2018년에 561명으로 급증했고, 그중에서 541명이 난민 신청을 했다. 그러자 청와대 국민청원에 '난민 거부 청원'이 올라오고, 전국 도처에서 반대시위가 벌어졌다. 이런 상황에서, 느헤미야를 포함한 21개 단체가 공동성명서를 발표한 것이다. 이 성명서는 난민들이 자국을 위해 싸우지 않고 도망 왔다거나, 그들이 범죄자나 테러리스트라는 의혹, 혹은 그들 때문에 우리의 일자리가 사라진다는 가짜 뉴스들을 조목조목 반박하고, 그들에게 한국정부, 교회, 사회가 환대 해주

---

194) 최유리, "느헤미야 '국정교과서 찬성하면 한국교회사에 오점 된다'-역사 교과서 국정화 반대 성명서 발표, 정부와 국정교과서 찬성 기독교인에게 반성 촉구," 「뉴스앤조이」 (2015. 10. 29).

기를 호소했다.[195]

2019년 11월 2일에는 〈명성교회 세습반대 신학자 성명서〉가 발표되었다. 같은 해 9월 26일, 대한예수교장로회통합(이하 예장통합) 104회 총회가 명성교회 부자세습을 용인하는 수습안을 통과시키자, 통합 뿐만 아니라 교계와 사회에서 심각한 논쟁이 발생했다. 오랫동안 명성교회 세습 문제는 교회와 사회의 이목을 집중시키면서, 이를 저지하려는 반대운동과 관철시키려는 노력이 충돌해 왔다. 그런데 통합총회가 교단헌법까지 뒤집으며 명성교회 세습을 용인하자, 양심적인 신학자들이 연명하여 통합총회와 명성교회를 통렬히 반대하는 성명서를 발표한 것이다. 이 성명서에 권연경, 박득훈, 배덕만 교수 등이 이름을 올렸다.[196]

(2) 집회

2014년 4월 16일, 세월호가 진도 앞바다에서 침몰했다. 하지만 침몰원인 규명과 책임자 처벌을 요구하는 유가족의 정당한 요구에 정부는 비겁하고 무책임한 태도로 일관했다. 정부는 구원파와 유병언에게 책임을 전가하려 했지만, 구조작업이 원활하게 진행되지 않은 이유와 대통령의 7시간 등 수많은 의혹들이 제기되면서 국민의 분노가 위험 수위를 넘어섰다. 사회의 각계각층에서 진상조사를 위한 세월호 특별법 제정을 요청하는 목소리가 봇물처럼 터져 나왔다.

이 참사를 기억하기 위한 다양한 활동, 진상규명과 책임자 처벌을 위한 노력, 유가족 및 희생자 위로를 목적으로, 2014년 7월 7일에 기독교계 시민단체들이 모여 〈세월호 참사를 기억하는 기독인 모임〉(세기모)을 발족했다. 이 모임에는 교회개혁실천연대, 교회2.0목회자운동, 기독교윤리실천운동, 기독청년아카데

---

195) 에큐메니안, "21개 기독단체 성명 발표, 예멘 난민 환대 촉구-예멘난민에 대한 가짜 뉴스 조목조목 반박," 「에큐메니안」(2018. 7. 15).
196) 당당뉴스, "명성교회 세습반대를 위한 신학자 성명서," 「당당뉴스」(2019. 11. 4).

미, 새벽이슬, 생명평화연대, 성서대전, 신비와저항, 좋은교사운동, 주거권기독연대, 청어람ARMC, 평화누리, 평화한국, 하나누리갈등전환센터, 한국복음주의교회연합, 희년함께, IVF사회부, 그리고 기독연구원 느헤미야가 함께 했다. 이 모임은 광화문광장, 진도 팽목항 등지에서 매해 촛불기도회, 동조 단식, 유가족 간담회, 성탄기도회를 개최했다. 대표적으로, 2014년 8월 11일월 저녁, 〈세기모〉는 국회의사당 앞에서 〈세월호 참사 추모와 특별법 제정을 제정을 촉구하는 촛불기도회〉를 주최하고 진행했다. 100여 명이 참석한 가운데, 함께 기도하고 정부와 국회에 사건 처리를 탄원하며 세월호 특별법 제정을 촉구했다.[197] 2015년 4월 25일에는 〈세기모〉가 팽목항에서 주최한 〈실종자 가족 위로 기도회〉에 느헤미야의 교수, 직원, 학생들이 참석하여, 〈세월호 이슈북〉 인세 537,720원을 실종자가족대책위에게 전달하기도 했다.[198]

2014년 12월 25일, 〈고난 받는 자들과 함께 하는 성탄절 연합예배〉에 느헤미야가 처음 참여했다. 이 연합예배는 2002년 이라크 전쟁 파병을 계기로 시작되었다. 이후, 해마다 평택 미군기지 이전 문제와 이랜드 비정규직 노동자·용산 철거민과 함께 하는 예배, 부활절과 성탄절 연합예배를 드렸다. 이처럼, 우리 시대에 다양한 이유로 고난 받는 이웃을 찾아 함께 예배드린 것은 오랫동안 에큐메니컬 진영의 주도하에, 고난당한 이웃들에게 큰 위로와 힘이 되었다. 하지만 세월이 흐르면서, 이것은 진보진영과 복음주의 진영이 함께 참여하는 범 개신교 운동으로 발전했다.[199] 이 운동에 느헤미야도 2014년부터 함께 하기 시작한 것이

197) 설요한, "'세월호 참사를 기억하는 기독인 모임', 참사 추모와 특별법 제정을 위한 촛불기도회 열어," 「개혁정론」(2014. 8. 11).

198) 「2015년 3차 연구위원회 회의록」(2015. 5. 1), 1.

199) "더욱 소중한 것은 해를 거듭할수록 이른바 진보 기독교 교회와 단체와 복음주의 교회와 단체들이 이런 고통받는 현장과 사람들을 매개로 소통과 접촉면이 넓어지고 있다는 점이다." 에큐메니안, "'고난 받는 이들과 함께 하는 연합예배' 자리잡아," 「에큐메니안」(2010. 4. 5).

다.[200] 이후 매년 부활절과 성탄절 연합예배에 적극 참여했다. 특히, 2019년 성탄절 예배는 2017년 3월 31일 남대서양에서 침몰한 스텔라데이지호 실종자 가족들과 함께 드렸는데, 배덕만 교수가 설교했다.[201]

2016년은 백남기 농민의 사망으로 전국이 다시 극심한 분열과 갈등의 소용돌이에 휩싸였다. 전국에서 백남기 농민을 추모하고, 그를 죽음으로 이끈 정부의 폭력적 진압에 항의하는 수많은 시위와 집회가 꼬리를 물고 일어났다. 감리교시국대책위, 기독교사회선교연대회의, 그리고 기독연구원 느헤미야를 포함한 20여개 개신교 사회단체가 2016년 10월 13일, 〈폭력정권 규탄 및 고故 백남기 농민 추모 기독인 시국기도회〉를 열었다. 이것은 고 백남기 농민을 추모하기 위해 개신교 측에서 주최한 최초의 기도회였다.[202]

그 외에도, 지난 10년간 느헤미야는 다양한 현장에서 여러 쟁점을 둘러싼 각종 기도회와 예배에 적극적으로 참여·연대했다. 예를 들어, 〈분단 70주년 한반도 화해와 평화를 위한 통일기도회〉2015.9.27., 〈종교개혁 500주년 연합기도회〉2017.2~11, 〈한반도 전쟁반대 평화기도회〉2017.8.29, 〈사회적 참사 특별법 제정 촉구〉2017.11.11, 〈삼성해고노동자 김용희 이재용과 함께 하는 연합기도회〉2019.11.7 등에 꾸준히 함께 한 것이다.

---

200)「2015년 정기총회 자료집」, 10.
201) 심자득, "스텔라데이지호 침몰 1000일 '기억하겠습니다. 연대하겠습니다'-고난 받는 이들과 함께 한 성탄절연합예배. 스텔라데이지호 침몰 1000일 맞아 가족대책위와 함께 드려."「당당뉴스」(2019. 12. 25).
202) 지유석, "고 백남기 농민 추모 기독인 시국기도회 열린다-20여 개 개신교 사회단체, 대한문 앞에서 봉헌,"「베리타스」(2016. 10. 11).

2. 연대활동

(1) 성서한국

느헤미야의 탄생에 가장 결정적인 영향을 끼친 기관은 단연 성서한국이다. 따라서 지난 10년 동안 느헤미야는 성서한국과 매우 긴밀한 관계를 유지하며, 다양한 방식으로 참여·연대해왔다. 먼저, 느헤미야의 교직원이 성서한국의 임원으로 참여하거나, 성서한국 관계자가 느헤미야 운영에 참여하면서, 두 기관이 서로 영향을 주고받으며 긴밀한 관계를 유지해 왔다. 예를 들면, 느헤미야 김형원 원장이 성서한국 이사장2014~2017으로 섬겼으며, 고상환 사무처장이 이사로, 배한나 팀장이 대의원으로, 김형욱·박은애 간사가 성서한국 집행위원으로 각각 참여했다. 반면, 느헤미야가 설립될 때, 당시 성서한국 사무총장이었던 구교형 목사는 느헤미야 실행위원으로 위촉되었고, 2016년 2월부터 2018년 12월까지 성서한국의 송지훈 간사가 느헤미야의 비상근 간사로 겸직하기도 했다. 한편, 배덕만 교수는 2016년 느헤미야에 전임으로 부임하기 전까지 성서대전의 대표였다. 최근까지 김동춘 교수는 현대기독연구원 대표 자격으로 이사직을 역임했다.

둘째, 느헤미야 교수들이 성서한국 전국대회에 강사로 참여했다. 대부분의 느헤미야 교수들은 느헤미야가 설립되기 전부터 성서한국 전국대회에서 꾸준히 강사로 참여했고, 느헤미야 설립 이후에도 모든 대회에서 다양한 강의를 맡았다. 다만, 2019년 대회가 느헤미야 교수들이 강사로 참여하지 않은 유일한 성서한국 대회였다. 느헤미야 교수들이 성서한국에 강사로 참여했던 기록은 다음과 같다.

연도	성격	장소	참가자
2011	전국대회	대전	조석민, 김근주
2012	지역대회	대전	김근주, 배덕만
2013	전국대회	원주	권연경, 김근주
2014	지역대회	대전	배덕만
2015	전국대회	논산	박득훈, 배덕만, 권연경, 김근주, 전성민, 김구원
2016	지역대회	대전	김형원, 권연경, 김근주, 배덕만
2017	전국대회	논산	김형원, 김근주, 배덕만
2018	지역대회	대전	배덕만, 김형원, 권연경
2019	전국대회	서울	

느헤미야는 성서한국 지역대회들과 공동으로 2차례나 대회를 주최했다. 먼저, 2016년 지역대회를 느헤미야가 성서대전, 성서대구, 성서부산과 함께 대전 침례신학대학교에서 주최했다. 100여명의 청년들이 참석했으며, 느헤미야 교수들이 오전의 신학강의를 담당했다. 안재영 이사가 기념품으로 큰 도움을 준 것도 특기할 일이었다.[203] 다음으로 2018년 성서대전 대회를 느헤미야와 성서대전이 공동 주최했다. 이 대회에선 배덕만 교수가 주강사로 저녁집회에서 이틀간 설교했고, 김형원 · 권연경 교수가 전체강의를 맡았다.[204]

뿐만 아니라, 기독활동가대회에도 꾸준히 참석했다. 기독활동가대회는 성서한국의 주최 하에 2009년 제1회 대회가 열렸다. 이 대회는 각자의 자리에서 기독시민운동을 전개해온 기독교윤리실천운동, 한국기독학생회총연맹, 기독법률가회 등 20여개 단체의 선후배 활동가들이 한자리에 모인 것이다.[205] 성서한국과 긴밀한 관계를 유지해 왔던 느헤미야도 2014년부터 김형원 원장, 고상환

---

203) 「2017년 이사회 정기총회 자료집」(2017. 3. 13), 4-5.
204) 「2018년 9차 연구위원회 회의록」(2018. 9. 26), 2.
205) 고성은, "제1회 기독교활동가대회," 「CTS 기독교 TV」(2009. 2. 26).

사무처장, 배한나 팀장을 중심으로 이 대회에 참여했다.[206]

(2) 느헤미야 교회협의회

신학연구과정을 개설한 2014년 이후 느헤미야는 근원적인 변화와 도전을 연속적으로 경험해왔다. 그중에서 가장 시급하고 중요했던 것은 신학연구과정 졸업자들의 목사안수문제였다. 교육부 인가를 받지 않았고 소속 교단도 없는 상황이었기에, 느헤미야가 배출한 학생들에게 공신력 있는 목사안수를 주고 사역할 현장을 연결해 주어야 할 부담과 책임이 무거웠다.

이 문제 해결을 위해, 느헤미야는 신학연구과정을 준비하면서 국제장로교회IPC 한국준노회[207]와 자매결연을 체결했다. 이 교단은 느헤미야의 초대원장 박득훈 교수와 후원이사 방인성 목사가 속해 있는 교단이며, 그동안 국내에서 느헤미야와 비슷한 비전과 사역을 추구해왔다. 따라서 여러 모로 적합한 동반자가 될 수 있다고 판단하여, 양측이 2013년 11월 26일 〈신학교류업무 협약식〉을 체결했다. 이때, 느헤미야 목회학 연구과정을 졸업하면 IPC의 목사 후보생이 될 수 있도록 협력하기로 했다.[208] 하지만 IPC에서 여성안수가 불가능하고, 느헤미야의 모든 졸업생에게 안수를 주기에 현실적인 한계가 있어서, 다른 대안이 필요했다.

이런 현실적이고 긴급한 필요를 해결하기 위해 떠오른 대안이 바로 〈느헤미야 교회협의회〉였다. 협의회 구성에 대한 현실적인 필요성이 제기되면서, 이 문제를 해결하기 위한 준비모임이 시작되었다. 2016년 한 해 동안 4차례의 준비모임

---

206) 「2015년 정기총회 자료집」 (2015. 2. 14), 10.
207) IPC는 한국에서 2006년 준노회로 시작되어, 2016년에 4개 교회가 참여하는 정식 노회가 결성되었다. 기독공보, "방인성 목사는 한국장로교도가 아니다," 「기독공보」 (2018. 1. 17).
208) 구권효, "느헤미야 목회자 양성, IPC와 함께-느헤미야 목회학 연구 과정 마치면 국제장로교 목사 후보생 자격 얻도록 협약," 「뉴스앤조이」 (2013. 11. 28).

4/18, 6/13, 9/5, 11/21이 진행되었다.[209] 그 결과, 12월 12일, 박득훈 목사 외 18명의 창립발기인의 이름으로 〈느헤미야 교회협의회 창립선언문〉이 발표되었다.

이제부터는 뜻을 같이 하는 더 많은 동역자들, 동역 교회와 함께 '느헤미야 교회협의회'를 구성하려고 합니다. '느헤미야 교회협의회'는 기독연구원 느헤미야의 신학적 성과들을 공유하면서 각 교회 현장에 적용할 기회를 가질 뿐만 아니라, 기독연구원 느헤미야에서 교육을 받고 현장으로 나가게 될 목회자 후보생들을 지원하고 협력하며, 안수하여 목회자로 세우는 사역을 시작하려고 합니다. 평신도를 하나님나라 신학으로 무장하여 교회 개혁의 주체로 세우는 일과 더불어, 목회자로서 소명을 받은 일꾼들을 잘 훈련시켜 각자의 소명에 맞는 사역에 매진할 수 있도록 돕는 일은 무너져 가는 한국교회를 되살리는 매우 중요한 일이라고 생각합니다.[210]

그리고 "이 사역에 동참할 교회를 초청합니다."란 문구로 선언문은 마무리되었다.

2017년 2월 2일, 14개 교회들이 참가한 가운데 느헤미야 강의실에서 발기인 대회를 개최했다.[211] 이어서 4월 8일 오후 5시에 17개 교회, 개인 8명, 준회원 7명이 참석하여 창립예배 및 창립총회가 열렸다.[212] 이 총회에서 선출된 임원은 다음과 같다. 회장: 전남식, 한명석, 배덕만/ 총무: 고상환/ 서기: 이영철/ 감사:

---

209) 교회협의회 창립을 위한 첫 준비모임은 4월 18일에 열렸고, 정성규(예인교회), 이한주(주사랑), 이헌주(너머서), 이영철(한그루), 전남식(꿈이있는), 김형원(하.나.의.)이 참석했다. 「2016년 3차 연구위원회 회의록」(2016. 4. 22).
210) 이 선언문 전문은 교회협의회 홈페이지에서 확인할 수 있다. http://www.nhcc.or.kr/statement.
211) 「2017년 2차 연구위원회 회의록」(2017. 2. 11).
212) 「2018년 1차 정기이사회」(2018. 3. 12), 5.

남태일.[213) 5월에는 1기 목사안수위원회를 구성하여, 목사 안수 신청과 후보자 멘토 배정, 후속 교육 등과 관련된 제반 업무를 시작했다. 그런 수고와 노력이 열매를 맺어, 2019년 4월 27일, 느헤미야 교회협의회 제1회 목사 안수식이 거행되었다. 하.나.의.교회에서 진행된 이날 안수식에서 목회학 연구과정 제1회 졸업생 강도영·이길승 두 후보자가 안수를 받고, 기독연구원 느헤미야와 느헤미야 교회협의회가 배출한 최초의 목사들이 되었다.[214) 다음 해 4월 25일에는 제2회 안수식이 있었다. 이날 김난희 전도사가 목사 안수를 받음으로써, 느헤미야 교회협의회 소속 최초의 여성 목사로 역사에 기록되었다.[215)

교회협의회 소속 교회 목회자들을 위한 다양한 모임들도 진행되었다. 무엇보다, 2018년부터 〈정기모임〉을 시작했다. 회원들 간의 친목, 개교회 소개, 목회를 위한 정보. 신학 교육을 목적으로, 서울, 대전, 양평. 부산 등지에서 2018년 4회, 2019년 3회, 2000년 1회 정기모임을 진행했다. 특별히, 2020년 9월 26일 도고 교원연수원에서 진행된 정기모임은 "코로나시대, 기독교의 모습 알아보기"란 주제 하에 최현종 교수서울신대, 전남식 목사, 주영관 목사, 정민철 목사, 이시종 전도사가 차례로 발표했다. 코로나로 인한 사회와 교회의 위기를 진단하고, 이에 대한 교회의 대처방안을 논의하는 소중한 자리였다.[216) 다음으로, 특정한 주제로 목회자 재교육을 도모하는 〈콜로키움〉을 개최했다. 2019년에 느헤미야와 공동으로 두 차례의 콜로키움을 개최했다. 1차 콜로키움4월25일은 "하나님 나라를 어떻게 볼 것인가?"란 주제로, 박철수, 김근주, 배덕만, 김선용, 김동춘, 김형원 교수가 강의했고, 2차 콜로키움10월24일~25일 때는 "교회와 공동체"란 주

---

213)「2017년 6차 연구위원회 회의록」(2017. 5. 25), 1.
214)「2020년 이사회 총회 자료집」(2020. 4. 16), 8.
215)「느헤미야 교회협의회 2021 정기총회 자료집」(2021. 3. 27), 3.
216)「9월 정기모임 자료집」(2020. 9. 26).

제로 김형원 교수가 강의를 맡았다.[217] 셋째, 기독연구원과 공동으로 〈포럼〉도 주최했다. 2020년 기독연구원 느헤미야 10주년을 기념하여 "코로나 시대, 기독교의 모습 알아보기"란 주제로 열린 포럼이 대표적인 예다. 공동포럼은 기독연구원에서 김형원 교수의 사회로 2차례 진행되었는데, 먼저, 11월 30일 로마가톨릭교회, 동방정교회, 성공회 소속 사제들을 초청하여 코로나에 대처한 사례들에 대해 들었다. 이어서 12월 7일 저녁에는 해외에서 활동하는 허현 목사미국와 김용진 목사스위스를 초대하여 코로나에 대한 해외 교회의 반응도 살펴보았다. 이날 포럼은 zoom으로 진행했다.[218]

　　뿐만 아니라, 교회협의회는 사회적 쟁점에 대해 민감하게 반응하며, 다양한 방식으로 참여와 실천을 이어왔다. 대표적인 경우가 2019년 10월 15일, 경상북도 김천혁신도시 한국도로공사 본관에서 농성 중인 톨게이트 요금 수납 노동자들을 위한 주일예배를 교회협의회가 인도한 것이다. 이 기도회는 한국도로공사에 의해 부당 해고당한 1500여 명의 노동자들이 9월 9일부터 한국도로공사 본사를 기습 점거하고 농성을 시작했다. 농성이 장기되면서 지친 노동자들의 요청으로 9월 29일부터 한국기독교교회협의회교회협에서 목회자들을 급히 현장에 파송하여, 경찰의 검문과 감시 속에서 60여명의 노동자들과 예배를 드리기 시작했다. 이후 전국목회자정의평화실천협의회나 교회협 대구·경북 지역 목회자들이 주일 예배를 인도했는데, 10월 15일 예배를 느헤미야 교회협의회가 담당한 것이다.[219] 또한, 신천지발 코로나19의 폭발적 확산으로 큰 위기에 처한 대구경북 지역을 돕기 위해, 교회협의회가 2020년 3월~4월 동안 〈코로나 지원 모금운

---

217)「2020년 이사회 총회 자료집」, 11-2.

218)「2021 이사회 총회 자료집」(2021. 3. 16), 11.

219) 이은혜, "톨게이트 노동자들의 끝 안 보이는 싸움…'잠깐이라도 와서 우리를 위해 기도해 달라'," 『뉴스앤조이』(2019. 10. 23).

동)을 전개했다. 대구에 위치한 교회협의회 소속 위드교회가 현장에서 큰 수고를 했으며, 교회협의회 소속 교회들도 적극적으로 모금운동에 동참했다. 2차례에 걸친 모금운동으로 총50,700,840원이 모금되어 총51,765,580원이 지출되었다. 부족분 1,062,571원은 느헤미야교회협의회가 전액 지원했다.[220]

(3) 교회세습반대운동연대(이하 세반연)

세반연은 한국교회에 만연한 교회세습현상에 제동을 걸기 위해 2012년 11월 2일 출범한 연합단체다. 그동안 드물고 비공개적으로 진행되던 교회세습이 2000년대에 들어서서 교파와 지역, 교회 규모와 상관없이 들불처럼 확산되었다. 그런 상황에서, 2012년 6월 12일 대표적인 세습교회인 충현교회 김창인 원로목사가 자신의 세습 행위를 "일생 일대 최대의 실수"라고 양심선언을 하자, 교회세습을 둘러싼 교계의 갈등이 폭발했고 사회적 관심도 집중되었다.[221] 이런 과정에서 세습을 반대하고 교단별 법적 장치 마련과 신자들의 계몽을 목적으로 세반연이 출범했다.[222] 느헤미야는 감리교 장정수호위원회, 개혁교회네트워크, 교회개혁실천연대, 교회2.0목회자운동, 기독교윤리실천운동, 바른교회아카데미, 성서한국, 예수살기 등과 함께 세반연의 회원단체로 처음부터 참여했다. 세반연 활동에 느헤미야가 구체적으로 참여하기 시작한 것은 세반연이 설립되면서 느헤미야의 김근주 교수, 김형욱·박은애 간사가 실행위원으로 참석했던 것이다.[223]

---

220) "with 대구, 코로나 19로 인한 소외된 이웃돕기에 참여해주셔서 감사합니다." (http:www.nics.or.kr〉notice〉post. 2021. 8. 10 검색).
221) 베리타스, "아들 세습에 눈물회개…김창인 목사 '일생일대 최대실수'-긴급성명서 발표…아들에 '모든 직책에서 떠나라'," 「베리타스」(2012. 6. 13).
222) 조현, "교회세습반대운동연대 출범," 「한겨레」(2012. 11. 18).
223) 「2012년 11차 연구위원회 회의록」(2012. 10. 21), 6.

2013년 2월 19일 개최된 신학포럼, 〈교회세습, 신학으로 조명하다〉에 김근주 교수가 사회자로, 배덕만·전성민 교수가 발표자로 참여했다. 전 교수는 "구약은 혈연에 의한 왕정 세습을 부정적으로 본다. 아무리 훌륭한 지도자였더라도 그 권력을 이어받은 자녀들은 악했으며, 바람직한 지도력 승계는 거의 혈연에 기초하지 않았다"라고 주장했으며, 배 교수는 "한국교회에서 40년간 이루어진 세습 사례를 볼 때, 세습은 수도권 현상이고, 보수주의자들이 주도했으며, 권세와 지위가 이것을 가능하게 했다"고 정리했다.[224] 2015년 5월 26일에는 한국기독교사회문제연구원 이제홀에서 〈2015 변칙세습포럼〉이 열렸고, 김동춘 교수가 발제자로 참여했다. "변칙세습 무엇이 문제인가?"라는 제목으로 발표한 글에서, 김 교수는 "한국교회가 변칙 세습의 욕망을 끊어내려면, 교회 사유화를 향한 타락한 사고에서 교회에 대한 공교회적 존중과 의식으로 전환하고, 더 치밀한 제도적·법적 규제 제정 및 시행이 있어야 한다."고 제안했다.[225]

2016년에는 세반연이 그동안의 활동을 정리할 목적으로 『교회세습, 하지 맙시다』를 출간했는데. 책임편집을 배덕만 교수가 담당했다. 이 책은 그동안 세반연이 주최한 여러 행사에서 발표된 자료들을 정리하여 단행본으로 출판한 것이다. 홍성사에서 5월 25일 출판되었고, 출판을 기념한 북콘서트가 6월 17일에 열렸다. 이날 행사의 사회를 김근주 교수가 맡았으며, 세반연 공동대표인 김동호 목사와 편집을 맡았던 배덕만 교수가 패널로 참여했다.[226] 2017년에는 세반연이 주최한 1인 시위에 김근주·배덕만 교수가 참여했다. 이 시위는 명성교회가 세습을 강행하자 이에 반대하고, 예장 통합 재판국의 명성교회 치리를 촉구하

---

224) 교회세습 반대운동연대 기획·배덕만 책임 편집, 『교회세습, 하지 맙시다』 (서울: 홍성사, 2016), 70.
225) 같은 책, 87.
226) 김기훈, "교회 세습은 예수 그리스도의 자리 찬탈하는 것," 『연합뉴스』 (2016. 6. 13) 참조.

기 위해 마련된 것이다. 1인 시위는 예장통합 총회 재판국이 판결을 내릴 때까지 예장 통합 총회 회관 앞에서 주말을 제외하고 매일 진행되었다. 12시부터 1시까지 30분씩 나눠 두 명이 진행한 시위는 11월 22일 김동호 목사와 방인성 목사가 제일 먼저 시작했고, 느헤미야의 두 교수는 27일월에 피켓을 들었다.[227]

(4) 기타

태평양신우회

2014년 6월부터 매월 둘째주 느헤미야 교수들이 〈법무법인 태평양〉의 신우회에서 설교 및 강의를 진행했다.[228] 2020년 코로나 바이러스-19의 유행으로 잠정적으로 중단되기 전까지 6년 동안 꾸준히 지속되었다. 점심시간을 이용하여 기독인 변호사들을 대상으로, 하나님나라 신학의 관점에서 한국교회를 성찰하고 그리스도인의 사회적 책임을 강조하는 메시지를 지속적으로 전했다. 회원 변호사들의 업무가 바쁘고 분주하여 참여자 수나 멤버가 일정하지 않았지만, 유욱 변호사의 비전과 헌신 덕분에 지금까지 지속될 수 있었다.[229] 부디, 선한 열매가 태평양 가운데 풍성하길 소망한다.

한국복음주의교회연합복교연

2014년 4월 28일 창립된 복교연은 '창립선언문'에서 창립동기를 다음과 같이 천명했다.

227) 이은혜, "개신교계 인사들, 세습 반대 릴레이 1인 시위," 『뉴스앤조이』(2017. 11. 20).
228) 「2014년 4차 연구위원회 및 퇴수회 회의록」(2014. 6. 22-24), 1. 첫 설교는 6월 11일에 조석민 교수가 담당했고, 7월 9일 권연경 교수, 8월 13일 배덕만 교수가 각각 설교/특강을 맡았다.
229) 유욱 변호사는 느헤미야와 태평양의 관계 뿐 아니라, 오랫동안 느헤미야의 재정적 후원자로서 큰 도움을 주었다. 이 자리를 빌려서 감사드린다.

복음의 총체성을 믿는 성도와 교회들이 하나님나라의 총체적 복음의 기초한 건강한 교회를 세우려는 열정과, 그리스도의 성육신적 섬김과 희생을 본받아 한국 교회가 잃어버린 사회적 신뢰를 회복하고자 하는 열정으로 협력하고 연대해야 함을 깊이 깨달아 '한국복음주의교회연합'을 창립한다.[230]

복교연은 2011년 10월부터 20여명의 목회자들이 모임을 시작하여, 2012년 11월 15일 발기인대회를 개최했고, 2014년 4월 28일 공식적으로 출범했다. 이 과정에서 설립준비를 위한 조직을 구성했는데, 김형원 원장이 설립준비위원장을 맡았으며, 실행위원으로 고상환 사무처장과 입문과정 제1기인 전갑수 집사가 합류했다. 그리고 창립총회를 통해, 초대 공동대표에 강경민 목사상임대표, 김형국 목사, 박득훈 목사, 이문식 목사, 정현구 목사를 선임하고, 이사장 강경민 목사와 18명의 이사가 선출되었다. 이들은 모두 느헤미야의 설립에도 깊이 관여하고 이후에도 이사와 자문위원으로 섬긴 분들이다.[231] 이처럼, 복교연은 출발부터 느헤미야와 긴밀한 관계를 유지했다.

한편, 복교연은 공식적 출범을 준비하면서 2013년에 8차례 포럼을 진행했다. 이 포럼에서 박득훈, 김형원, 김동춘 교수가 발제를 맡았다. 즉, 느헤미야는 복교연의 탄생에 실무적인 영역과 함께 신학적 방향을 정립하는 과정에서도 중요한 역할을 담당했던 것이다. 설립 이후에도 느헤미야와 복교연은 다양한 방식으로 협력했다. 대표적인 예가 2014년 10월 30일 저녁에 진행된 종교개혁포럼 "루터, 만인사제주의를 다시 말하다"였다. 이 포럼은 두 기관이 공동으로 주최했으며, 배덕만 교수가 발제를, 박득훈 교수와 고상환 사무처장이 패널로 참여

230) 송상원, "한국복음주의교회연합 창립," 『기독신문』 (2014. 4. 30).
231) KMC뉴스, "한국복음주의교회연합(복교연) 소개 및 2013년 활동보고," 「KMC뉴스」 (2014. 4. 6).

했다.[232] 이후에도 김형원 교수가 이사로 꾸준히 참여하고 있다.

---

232) 장성현, "성직 자처하는 목사, 방관하는 교인," 「뉴스앤조이」 (2014. 4. 6).

제9장 · 연구위원회

1. 지위와 책임

느헤미야의 가장 중요한 특징 중 하나는 학교운영의 주체가 연구위원교수들이란 사실이다. 느헤미야는 특정 개인의 재정적 지원이나 특정 교단의 신학적 · 정치적 통제 하에 설립되지 않았다. 뜻을 함께 한 일군의 신학자와 평신도들이 주도하여 학교를 설립했기 때문이다. 목회자와 평신도로 구성된 이사회가 존재하며, 이사회가 물심양면으로 학교 운영을 지원하고 있다. 하지만 일차적으로 학교 운영을 위한 제반 문제들을 협의, 결정, 집행하는 책임과 권한이 연구위원들에게 주어져 있다.[233] 비록, 학교의 신학적 토대를 개혁적 복음주의에 두고 있지만, 교수들의 신학적 성향이나 강의 내용과 관련해서 최대의 자유와 권리가 보장되며, 학교 운영과 관련해서 교수들을 중심으로 한 운영위원회의 권한과 책임은 거의 무제한적이다.

따라서 그동안 느헤미야 교수들은 개인의 학문적 자유와 학교 운영의 공동 책임 사이에서, 학생과 이사들 사이에서, 느헤미야를 신뢰하고 지원하는 후원자 · 지지자 그룹과 느헤미야에 대한 경계와 비난의 목소리 사이에서, 하나님 나라의 구현과 한국 기독교의 재구성이란 장엄한 이상과 인적, 재정적, 법적 한

---

233) 「느헤미야 정관」 제8장 연구위원회 제29조(연구위원회)에 따르면, "본원의 운영과 사업을 심의 결정하기 위한 기구로 연구위원회를 둔다."

계라는 냉혹한 현실 사이에서, 지난 10년간 자신에게 주어진 사명과 책임을 감당하기 위해 최선을 다해왔다. 특별히, 아무런 토대나 배경도 없이 시작했기 때문에, 거의 무에서 유를 창조하듯 끊임없이 무언가를 새로 시작하고 만들어야 했다. 이 모든 책임이 교수들의 어깨에 얹어졌다.

기본적으로, 느헤미야는 성직자 양성보다 평신도 교육을 위해 시작되었고, 지금까지 이 목적을 흔들림 없이 유지해 왔다. 하지만 교육이 진행되고 한국교회의 현실에 대한 고민이 깊어지면서 기존 목회자들의 재교육과 느헤미야 정신으로 훈련된 목회자 양성이 절실히 필요해졌다. 그 결과, 지속적으로 새로운 과정들을 개설해야 했다. 동시에, 느헤미야가 서울에서 시작되었지만 오래지 않아 국내 전역과 해외에서 관심과 지지, 도움을 요청하는 목소리가 들려오기 시작했다. 따라서 지방에서 신학캠프를 진행하고, 마침내 대전, 부산, 대구에 지역캠퍼스를 개척했다. 해외와 지방에서 강의를 요청하는 분들을 위해 강의영상을 제작하고 온라인중계를 시작했다. 이 모든 작업과 행사들에 모든 교수들이 직접 참여했다.

뿐만 아니라, 지난 시간 한국교회는 교회세습을 포함한 각종 비리와 스캔들에 휩싸였고, 한국사회는 세월호 참사, 국정교과서 파동, 박근혜 대통령 탄핵이라는 엄청난 사건들로 분열과 혼란을 거듭했다. 이런 상황에서 침묵하거나 무관심할 수 없었기에, 느헤미야는 다양한 방식으로 반응하고 참여했다. 하지만 매순간 적절하게 대응방법을 모색하여, 현명한 결정과 책임 있는 실천을 이어가는 일은 결코 쉽지 않았다. 경험이 부족하고 인원과 지혜가 제한된 상황에서 교수들은 끊임없이 모여 장시간 회의하며 숙고를 거듭해야 했다. 이를 위해, 교수들이 수업, 연구, 참여 외에 수없이 함께 모여 회의하고 교제를 나누었다. 매월 밤 늦게까지 진행된 정기연구위원회, 매학기 방학과 함께 2박 3일간 진행된 연구위원 퇴수회, 그리고 2015년부터 격년으로 진행되고 있는 해외기독교유적지답사가 대표적인 예들이다. 그렇게 느헤미야 교수들은 수많은 시간을 함께 하며, 느헤미야 설립과 성장을 견인했다.

2. 한계와 과제

느헤미야 교수들은 자주 모여 현명한 결정을 위해 장시간 고민하고 논쟁하며 몸부림쳤다. 하지만 이들에게 주어진 막중한 과제에 비해 현실적·인간적 한계는 너무나 자명했다. 그렇다면 느헤미야 교수들이 직면하고 해결해야 했던 한계와 과제는 무엇이었을까?

무엇보다, 재정적 한계가 늘 발목을 잡았다. 느헤미야의 재정은 소수의 지역교회를 포함한 개인 후원에 거의 절대적으로 의존해왔다. 개인 후원도 타 대학들처럼, 큰 기업이나 부자의 거액 기부는 거의 없었다. 당연히 정부지원이나 교단 전입금도 기대할 수 없다. 다행히도, 후원이 꾸준히 증가하고 종종 기대 이상의 후원금이 도착하기도 했다. 하지만 불안하고 부족한 재정은 근원적인 문제로 계속 남아 있다. 그 결과, 학생모집을 위한 광고, 교직원들의 임금과 복지, 교육, 연구, 사무 공간, 학생 복지와 장학제도 면에서 여전히 안타깝고 아쉬운 부분이 많다. 이런 한계 앞에서, 동시에 이런 한계를 극복해야하는 교수들의 책임이 무겁다.

교육부 인가가 없다는 것도 치명적인 한계다. 기본적으로 느헤미야는 교육기관이다. 모든 교수들은 국내외의 공인된 대학에서 장기간 수학하며 박사학위를 취득했고, 국내에서 활발한 연구와 강연으로 실력과 자격을 갖추었다. 그런 사람들이 모여 학교를 세웠다. 이것이 느헤미야의 가장 큰 장점이었고, 설립과 함께 교계에서 관심과 주목을 받은 결정적인 이유였다. 그럼에도, 재정적·법적 제약에 의해 교육부인가를 받을 수 없다는 현실은 교육기관으로서 치명적인 한계일 수밖에 없다. 이런 현실적인 한계를 극복하기 위해, 교수들이 최선을 다해 강의했고, 모든 과정의 학생들도 성실하게 공부했다. 비록, 외부의 눈에는 느헤미야가 소규모의 비인가 신학교로 보일 수 있겠지만, 수업을 들은 학생들의 만족감과 자부심은 결코 폄하될 수 없을 것이다. 그럼에도, 교수들은 이 문제의 근본적인 해결을 위해 지속적으로 해법을 모색했고, 그런 노력은 현재에도 진행 중이다.

교수들이 타 대학이나 교회에서 전임으로 일하고 있는 현실도 또 하나의 어려움이다. 느헤미야는 이미 타 대학이나 교회에서 전임사역을 하고 있던 교수와 목사들이 의기투합하여 재능기부형식으로 시작된 일종의 '야학'이었다. 평소에는 각자의 직장과 일터에서 일하다가 저녁수업에 참석하는 학생들처럼, 교수들도 각자의 학교와 교회에서 하루 종일 일하다가 자신에게 배당된 수업시간에 달려와서 강의하고 돌아갔다. 하지만 학교의 정규과정과 특강이 급증하고 활동공간이 서울에서 전국으로 확장되면서, 특히 연구과정이 신설되어 수업이 낮에 진행되면서, 수업과 기타 활동을 위해 교수들의 시간과 협조를 조율하는 일이 점점 더 어려워졌다. 전임교수 확보가 시급한 문제로 떠올랐다. 한순간에 해결할 수 없었기에, 교수들에게 더 많은 헌신과 희생을 요구할 수밖에 없었다. 이런 긴박한 현실의 문제를 해결하기 위해, 교수들은 끊임없이 머리를 맞대고 논의했으며, 또한 서로를 격려해야 했다. 물론, 지난 10년간 4명의 전임교수를 확보했지만, 이 문제의 완전한 해결을 위해선 더 많은 시간과 재정이 필요하다.

끝으로, 교수들의 상이한 신학적·신앙적 배경과 강하고 독특한 개성도 느헤미야의 강점이자 불안요소다. 느헤미야에 참여한 교수들의 면면을 보면, 대체로 온화하고 인정이 많으며 희생적이다. 동시에, 각자의 학문적·신앙적·정치적 신념이 매우 강하고 자존감도 매우 높다. 당연히 개성이 분명하고 강할 수밖에 없다. 또한, 성장한 가정과 지역, 신앙의 뼈대를 형성한 신앙적 배경과 소속 교단, 신학적 틀을 갖춘 출신학교나 신학적 관심사, 현재 각자가 처해 있는 사역의 현장과 일차적 관심사 등에서 차이가 분명하다. 따라서 사안과 쟁점에 따라 교수들간의 생각과 입장이 다를 수밖에 없다. 그래서 언제든지 충돌하고 갈등할 가능성이 농후하다. 그럼에도, 교수들 스스로가 신기하게 생각할 정도로, 지난 10년간 심각한 수준의 다툼이나 갈등이 없었고, 현재에도 느헤미야 교수들 간의 관계는 견고하고 안정적이다. 정말 주님의 은혜이자, 교수들의 끊임없는 양보와 이해 덕분이다. 이 문제를 미연에 방지하고 해결하기 위해 교수들은 수없이 만나 함께 밥을 먹고 잠을 자고 회의하고 논쟁했다. 동시에, 성심껏 서로의 경조사를 챙기고, 수없이 함께 여행을 떠났다. 그렇게 우정과 신뢰를 쌓으면서 갈등과 분쟁을 최소화하고 연대와 협력을 극대화할 수 있었던 것이다. 이런 노력은 앞으로도 계속 되어야 할 것이다.

3. 정기 연구위원회

연구위원회의 기원은 느헤미야 설립을 준비하던 2009년부터 연구위원들이 다른 준비위원들과 함께 불규칙적으로 모이기 시작한 것에서 찾을 수 있다. 하지만 2010년 기독연구원 느헤미야 창립총회에서 통과된 정관에 따르면, 연구위원회는 존재하지 않았다. 대신 "원장 및 연구위원, 4인 이내의 실행위원으로 구성"된 '운영위원회'가 있었다.[234] 첫 운영위원회는 2010년 5월 22일 장자원 가든에서 모였다. 사실, 이날 모임은 '운영위원 퇴수회'로 운영위원들과 일부 가족이 함께 한 자리였는데, 이 모임에서 장차 이 모임을 '운영위원회'로 명명하기로 결정한 것이다. 이후, 연구위원과 실행위원이 함께 모이는 운영위원회가 매달 소집되어 2014년 1월까지 지속되었다. 1월 28일 모인 '2014년 1차 운영위원회'에서 실행위원 제도를 폐지하고, 연구위원들로 구성된 '연구위원회'를 신설하기로 결정했기 때문이다. 이 결정은 그해 2월 8일에 개최된 2014년 정기총회에서 개정된 정관에 반영되어,[235] 2월 21일에 제1차 연구위원회가 공식적으로 소집되었다. 하지만 2013년 10월 11일, 김형원, 김동춘, 김근주, 고상환 4인이 '연구위원회'란 이름으로 모였던 기록도 남아 있다.[236]

연구위원회는 특별한 사정이 발생하지 않는 한, 매달 정기적으로 소집되었다. 연구위원회에는 설립 당시부터 연구위원으로 참여했던 8명의 연구위원들박득훈, 전성민 교수가 사임한 이후에는 6명과 고상환 사무처장이 고정으로 참여했다. 초창기에는 모든 교수들이 타 대학에 소속되어 있었고 사무처장도 직장이 따로 있었다. 따라서 연구위원회는 저녁 시간에 모일 수밖에 없었고, 전원이 참석하기도 쉽지 않았다. 예를 들어, 2014년 3월 22일에 모인 연구위원회는 새벽 2시에 시작되었다.[237] 신학연구과정 MT를 마친 후 회의를 시작해야 했기 때문이다.

---

234) 「2010년 정관」 제7장 운영위원회. 제22조(운영위원회) 본원의 운영과 사업을 심의·결정하기 위한 기구로 운영위원회를 둔다. 제23조(구성) 운영위원회는 원장 및 연구위원, 4인 이내의 실행위원으로 구성한다.

235) "제8장 연구위원회 제29조(연구위원회) 본원의 운영과 사업을 심의·결정하기 위한 기구로 연구위원회를 둔다. 제30조(구성) 연구위원회는 연구위원과 사무처장으로 구성한다."

236) 이날 회의록에는 위 4인이 2013년 10월 11일 오후 10:00-12일 오전 1:00에 〈연구위원 회의〉를 진행했다고 기록되어 있다.

237) 「2014년 2차 연구위원회 회의록」에는 다음과 같이 기록되어 있다. "-일시: 2014년 3월 22일(토) 오전 2시 00분, -장소: 하이서울유스호스텔 204호실, -참석자: 김형원, 김근주, 김동춘, 배덕만, 고상환."

이 시간에 시작된 것은 매우 예외적이지만, 그 시간까지 회의가 진행된 경우는 비일비재했다.

정기연구위원회는 기본적으로 매달 진행된 수업, 행사, 재정에 대한 보고를 받고, 시급히 처리해야 할 각종 안건을 처리했다. 느헤미야의 정규과정들이 다양한 이유와 필요에 따라서 빠르게 증가했고 지리적으로도 꾸준히 확장되었다. 그러면서 각 과정과 지역에서 수많은 요청과 질문이 쏟아져 들어왔다. 이미 오래 전에 확립된 일을 단지 유지·관리하는 것이 아니라, 모든 것이 새로 만든 것, 처음 시도하는 것이었기에, 교수들이 모든 안건을 검토하고 신속하게 해답을 마련해야 했다. 뿐만 아니라, 한국교회와 사회가 끊임없이 문제를 야기하면서 느헤미야 교수들은 이런 상황과 문제에도 적절히 대응해야 했다. 즉, 정규강의 외에, 팟캐스트를 시작하고 각종 특강과 포럼을 마련했다. 쉼없이 제기되는 이슈들에 반응하여 글을 쓰고 책을 출판했다. 성명서도 발표했고, 협력을 요청하는 여러 단체들과의 연대 여부도 결정했다. 느헤미야의 재정적 토대도 마련했으며, 사무처 간사와 지역 캠퍼스 담당자를 포함한 인사문제도 처리했다. 결국, 느헤미야와 관련된 거의 모든 안건이 기본적으로 이 회의에서 논의되고 결정된 것이다.

4. 연구위원 퇴수회(구, 운영위원 퇴수회)

느헤미야의 설립 이후, 교수들은 매학기 종강 직후 퇴수회를 떠났다. 지난 학기 수업과 주요 행사들을 평가하고, 다음 학기 강의 시간표를 결정하며, 다양한 쟁점에 대해 논의했다. 동시에, 교수간의 친목과 교제를 위한 다양한 프로그램도 진행했다.

최초의 퇴수회는 2010년 5월 22일 장흥유지원내 장자원가든에서 가졌다. 이날 모임에는 김형원, 김동춘, 조석민, 김근주, 전성민+가족 3, 고상환, 오수경, 김소영+가족1이 참석했다. 연구위원 외에 실행위원과 사무처 간사, 그리고 일부 가족들이 함께 한 자리였다. 운영위원회 외에 체육활동과 산책 및 관광시간을 함께 가졌다. 무엇보다, 이 퇴수회에서 박득훈 교수가 목회하던 언덕교회를 사임하면서 느헤미야 원장직도 사임하기로 결정했다. 그 결과, 김형원 교수가 원장직을 대행하게 되었다. 또한, 당시 입문과정 강의를 진행하던 서울영동교회에서 김형원 교수가 담임하는 하.나.의.교회로 강의 장소를 옮기고, 다음 해부터 사무실과 전임연구위원을 확보하기로 결정했다. 느헤미야 초기의 매우 중요한 결정이 이날 내려졌다.[238]

한편, 2014년 6월 22일~24일 남산 유스호스텔에서 모인 퇴수회 때는 느헤미야 교사 마련을 위해 진지한 논의가 있었다. 재정적 토대가 부실한 상태에서, 느헤미야는 몇 년간 강의 공간을 불규칙하게 이동해야 했다. 따라서 느헤미야의 안정적인 발전을 위해, 장기간 고정적으로 사용할 교사확보가 절실히 필요했다. 그 필요를 충족하기에는 현실적인 장벽이 너무 컸다. 하지만 이 문제의 해결을 위한 몇 가지 계획과 목표를 세웠다.

모금액: 20억 연희동부근 연건평 200평 기준
　　　최소한 10억원 모금 달성하면, 나머지는 은행 차입금으로 해결
모금방법: 1차 연구위원+이사진 모금 약정
　　　2차 후원교회 대상 2년간 모금

---

238) 「2010년 1기 운영위원회 회의록」(2010. 5. 22).

3차 일반 후원자 모금

가능할 경우, 이 금액으로 재단법인 혹은 사단법인 추진

모금 책임: 이사장과 원장[239]

아직까지 이 계획과 목표는 실현되지 못했다. 당시나 현재에도 이것은 매우 무모한? 목표다. 하지만 많은 사람들의 우려와 예상을 멋지게 무너뜨리고 사단법인이 설립되었다. 비록, 자체 건물을 마련하진 못했고, 아직 그런 목적의 모금활동을 시작도 못했지만, 그것은 여전히 유효한 꿈으로 남아 있다. 그 꿈이 실현될 날이 반드시 도래하리라 믿는다.

이처럼 미완성의 꿈과 계획도 있지만, 퇴수회에서 논의했던 막연한 계획들이 실현된 경우도 비일비재하다. 예를 들면, 2012년 6월 24일~25일, 설악산 대명콘도에서 열린 퇴수회에서 김근주 교수를 전임연구위원으로 전환하기로 결정했다.[240] 당시의 열악한 느헤미야 재정 상태로선 이것도 무리한 결정이었다. 전임에 합당한 대우를 전혀 보장할 수 없었기 때문이다. 하지만 그날의 무모한 결정 때문에, 이후 배덕만, 김동춘, 권지성 교수를 전임으로 전환할 용기와 여건이 마련된 것이다. 한편, 2014년 12월 21일~23일에 이천 미란다호텔에서 진행된 퇴수회에선 목회학연구과정 졸업생들의 목사안수문제를 해결하기 위해 협의체 구성을 최초로 논의했다.[241] 느헤미야를 중심으로 독립교회들을 모아보자고 논의했지만, 역시 당시로서는 매우 막막하고 비현실적으로 보인 안건이었다. 하지만 이날 이후 협의체 구성을 위한 논의가 조금씩 구체화되기 시작했고, 마침내 2017년, 느헤미야 교회협의회가 설립되었다. 그리고 2019년에 거행된

---

239) 「2014년 4차 연구위원회 및 퇴수회 회의록」(2014. 6. 22-24), 10-11.
240) 「2012년 6차 운영위원회 및 퇴수회 회의록」(2012. 6. 24-25), 5.
241) 「2014년 10차 연구위원회 및 퇴수회 회의록」(2014. 12. 21-23), 8.

목사 안수식을 통해서 두 명의 기독연구원 졸업생들이 안수를 받았다. 막연했던 기대 속에 설계했던 꿈이 마침내 현실이 된 것이다.

5. 해외 기독교 유적지 답사여행

느헤미야의 학사일정은 매우 분주했다. 초기에 교수들 전원이 타 대학에 전임으로 근무하거나 지역교회에서 담임목회를 하면서 느헤미야의 정규 과정과 다양한 특강, 회의와 방송을 소화해야 했기 때문이다. 그런 일정이 반복되던 2015년 뜻밖의 사건?이 발생했다. 느헤미야 후원자 안재영 장로가 느헤미야 교수들을 중심으로 이스라엘 답사여행을 제안하고 재정도 후원한 것이다.[242] 이 제안 자체가 교수들에게는 큰 격려와 위로가 되었다. 일정을 조정하고 추가로 필요한 경비를 마련하는 일이 쉽지 않았지만, 권연경 교수와 전갑수 졸업생이 후원금을 보태고 퇴수회 경비를 최소화하며 자체적으로 재정을 마련했다. 마침내, 교수 6명 외에 사무처 고상환, 배한나. 수료자 이명희, 김영문, 이사 안재영, 강신하, 기독활동가 김희석, 최욱준, 가족 박춘란, 강선규 등 총 16명이 2015년 12월 26일부터 2016년 1월 3일 7박 9일까지 이스라엘로 답사여행을 다녀왔다.[243]

여행 준비를 위해 고상환 사무처장과 김형원 원장이 수개월 동안 일정 조정과 서류준비, 사전 예약 등을 위해 수고했고, 현지에서 중동전문가 김동문 선교사가 안내를 맡았다. 현지 언어와 상황에 정통한 김 선교사는 예수의 발자취를 따라 성경의 주요 유적지로 우리를 안내했다. 베들레헴, 예루살렘, 사마리아, 갈릴리, 가이사랴를 차례로 방문했는데, 특히 성묘교회, 통곡의 벽, 갈릴리 호수,

---

242) 「2015년 9차 연구위원회 회의록」 (2015. 10. 20), 8.
243) 「2016년 1차 연구위원회 회의록」 (2016. 2. 3), 1.

헤브론, 요단강 세례식 등이 기억에 남는다. 뿐만 아니라, 김동문 선교사의 안내로 이스라엘과 팔레스타인의 갈등을 확인할 수 있는 여러 지역도 방문했다. 수많은 분리장벽과 함께, 이스라엘의 민낯을 볼 수 있는 의미있는 시간이었다. 비록, 방문 첫날, 사전 소통의 문제로 모두가 추위에 떨며 밤을 지세우기도 했지만, 지나고 보니 그것조차 즐거운 추억으로 남는다.

이스라엘에 다녀온 것은 느헤미야 교수들에게 큰 즐거움과 공부가 되었다. 한번으로 끝내기엔 너무나 아쉬웠다. 함께 여행하며 나눈 수많은 대화, 현지에서 보고 들은 배움과 감동, 그것이 가져다주는 삶의 활력 때문에, 교수들은 바로 다음 여행을 준비하기 시작했다. 2년 뒤면 종교개혁 500주년이므로, 이번에는 유럽으로 가자고 결정했다. 그때부터 매달 일정 회비를 모으고 교수회 비용을 절감하여 경비를 마련하기 시작했다. 이번에는 교수들만 다녀오기로 결정했다. 종교개혁 500주년으로 독일과 스위스 지역에 관광객이 집중될 것으로 예상되어, 루터의 유적지 대신 종교개혁을 촉발했던 성베드로대성당이 소재한 이탈리아의 로마와 주변 지역을 답사여행지로 정했다.

2017년 9월 30일, 저녁 비행기에 김형원, 김동춘, 조석민. 김근주, 배덕만. 고상환이 몸을 실었다. 로마에서 며칠을 보내며 고대 유적과 성베드로성당 등 여러 유서 깊은 성당들을 방문했다. 성베드로성당의 거대한 규모와 화려함에 압도되어, 과연 종교개혁을 촉발할 만했다는 생각을 답사자 모두가 했다. 한국교회의 예배당 규모가 점점 더 거대하고 화려하며 천문학적인 건축비가 투입되는 현실을 생각하면서 마음이 착잡했다. 하지만 베니스, 볼로냐, 피렌체, 아레초, 아시시로 이어진 여행은 매우 즐겁고 유익했다. 매일 2만보 이상을 걸어야 했기에 무척 피곤하고 발바닥이 아팠지만, 아침마다 길가에 서서 한잔씩 마신 에스프레소는 모든 피로를 씻어내기에 충분했다. 무엇보다, 프란치스코 성인의 흔적이 남아있던 아시시 방문은 모두에게 진한 감동과 깊은 인상을 남겼다. 아시시 산에서 내려다본 드넓은 들판과 평온한 마을의 풍경은 지금도 눈앞에 선하다. 모두가 여기는 꼭 한번 다시 오자고 다짐하며 아쉬운 발길을 돌렸다. 10월 9일, 로마에서 귀국 행 비행기를 탔다.[244]

2019년 2월 1일, 세 번째 여행을 떠났다. 이번 여행의 목적지는 그리스와 터키였다. 팔레스타인에서 시작된 예수 운동이 바울을 비롯한 초기 선교사들을 통해 제일 먼저 확장되어 초대교회사의 심장부가 된 곳이다. 동시에, 1543년 콘스탄티노플이 오스만 투르크에 함락된 이후 이슬람의 강력한 영향 하에 놓인 지역이기도 하다. 이번 여행에는 총 17명이 동행했다.[245] 큰 기대와 흥분 속에 참가자 전원이 늦은 밤 인천공항에 모였다. 하지만 여행사측의 불찰로 김형원 · 김근주 교수가 일행과 함께 떠나지 못하고, 다음 날 다른 비행기로 뒤따라와야 했다. 다행히, 다음 날 현지에서 무사히 합류했지만, 그날 밤 공항에서 모두가 당황했던 기억은 지금 생각해도 불쾌하고 당혹스럽다.

인천공항을 출발한 터키항공 비행기는 다음 날 아침 이스탄불 아타투르크 공항에 도착했다. 이후, 그리스와 터키를 오가는 9일 간의 현지 일정이 시작되었다. 터키에서 그리스 데살로니키까지 다시 비행기로 이동한 후 차량으로 베뢰아와 빌립보를 방문했고, 다음 날 델피, 고린도, 겐그레아, 아테네를 차례로 둘러보았다. 그리스 곳곳을 여행하면서 그리스 경제가 위기라는 느낌을 강하게 받았다. 하지만 파르테논 신전과 아테네국립박물관 등을 방문했을 때마다, 이 나라의 문화적 수준에 저절로 탄성이 나왔다. 이후, 비행기를 타고 터키 이스탄불로 돌아와서 학수고대했던 성 소피아 사원과 블루 모스크를 직접 눈으로 확인했다.

---

244) 「2017년 7차 연구위원회 및 퇴수회 회의록」 (2017. 6. 24), 8-9.
245) 참석자 명단은 다음과 같다. 강신하 · 양현정, 안재영 · 손미향, 한명석 · 김미양, 권연경 · 최인화, 장효진 · 장은주, 조석민, 김형원, 김근주, 배덕만, 고상환, 강화춘, 이명희.

밤에는 여객선으로 보스포루스해협을 유람했다. 오랫동안 기억에 남을 아름답고 장엄한 건물과 광경이었다. 모든 일정을 마친 일행은 2월 10일 오전에 무사히 인천공항에 도착했다.[246]

---

246)「느헤미야 2019 그리스 터키 일정표」.

제10장 • 학생활동

1. 친목을 위한 활동들: 운동회, 엠티, 소풍. 여행

2013년 10월 9일, 느헤미야 가족운동회가 서연중학교에서 열렸다. 느헤미야 졸업생 모임인 '화롯불 모임'의 주관으로, 느헤미야 입문과정의 졸업생과 재학생, 교수 등 30여명이 모여 다양한 게임과 운동을 하며 즐거운 시간을 보냈다.[247] 2014년 10월 9일, 두 번째 가족운동회가 연세대 체육교육관에서 열렸다. 교수와 졸업생, 입문·심화과정 수강생, 그리고 새로 신설된 신학연구과정 학생과 가족들이 즐겁게 게임과 식사를 함께 하며 소중한 추억을 쌓았다.[248] 이 운동회에 참석한 사람들은 모두 총37명이었다. 2015년 가족운동회는 난지천공원에서 열렸다. 10월 3일목 오전 10시부터 가족 8명을 포함하여 총 34명의 느헤미야 식구들이 축구, 농구, 피구 등의 운동경기에 함께 참여하면서, 그동안 공부하며 쌓인 스트레스를 풀고 친목을 도모했다.[249]

느헤미야의 역사는 입문과정에 등록한 17명의 수강생들과 함께 시작했다. 다양한 신앙적·교육적·직업적 배경을 가진 낯선 사람들이 모여 한국교회의 고통스런 문제들을 토론하고, 각자의 뿌리 깊은 신앙적·신학적 고민을 충분히

---

247) 「2013년 9차 연구위원회 회의록」(2013. 10. 27), 1.
248) 「2014년 8차 연구위원회 회의록」(2014. 10. 28), 1.
249) 「2015년 9차 연구위원회 회의록」(2015. 10. 20), 1.

나누기에는 교실만으로 부족했다. 동시에, 인격적 신뢰와 교감이 부족한 상태에서 진행되는 학문적 탐구는 수강생들에게 아쉬운 한계로 계속 지적되었다. 그래서 2011년 5월 11일, 입문과정 학생들이 죠이선교회관에서 1박 2일로 첫 MT를 가졌다. 한번으로 아쉬워 9월 느헤미야 강의실250)과 12월 헨리조지센터에 연이어 MT로 모였다.251) 수강생들이 모여 각자의 인생 여정을 소개하고, 밤을 지새우며 느헤미야를 통한 꿈과 소망을 나누었다. 2013년 4월 16일에는 느헤미야 강의실에서 입문과정 학생 11명과 김형원·김근주 교수, 고상환 처장이 함께 식사하며 교제하는 시간을 가졌다.252) 이처럼, 초창기에 진행된 입문과정 MT는 소수의 학생들이 교수들과 함께 교제하면서 친밀한 관계를 형성하고, 느헤미야의 미래를 함께 설계하는 소중한 자리였다.

한편, 2014년 3월 21-22일 1박2일에 하이서울유스호스텔로 신학연구과정 학생들이 〈MT〉를 다녀왔다. 이때는 학생 16명과 교수 4명, 사무처 직원 2명이 참석하여 멘토 모임, 식사와 교제 시간을 가졌다.253) 새로 입학하면서 모두가 함께 모인 첫 자리였기에, 서로를 소개하고 느헤미야에 대한 꿈을 나누었다. 특히, 교수와 학생들이 소그룹으로 모인 '멘토와의 만남' 시간은 진지하고 깊이 있는 이야기로 MT의 절정을 이루었다. 2015년에는 연구과정 학생들 17명과 교직원들 5명이 1월 19일부터 21일까지 천안국립중앙청소년수련원에서 수련회를 가졌다. 2박 3일간 숙식을 함께 하며 수많은 주제로 밤새도록 대화하고 낮에는 땀

---

250) 「2011년 7차 연구위원회 회의록」(2011. 9. 16), 2. 9월 15일 12명(학생 9명, 사무처 3명)이 참석했고, "신학캠프가 입문학과정 홍보 및 선택에 도움이 되는 행사로, 대중적인 이슈로 개최하기를 원함. 느헤미야 정체성을 확실하게 드러내고 꾸준히 진행하는 것이 필요. 입소문을 통한 홍보 등"의 의견이 제시되었다.

251) 「2011년 10차 연구위원회 회의록」(2011. 12. 11). 12월 9일-10일, 11명(김형원 교수, 고상환 처장, 김형욱 간사, 그리고 학생들)이 참석했다. 학생들은 입문과정이 한 과목 6주 수업보다, 하루 두 과목 12주 강의를 선호하고, 심화과정생도 입문과정 수강을 허용하도록 요청했다.

252) 「2013년 4차 연구위원회 회의록」(2013. 4. 19), 1.

253) 「2014년 2차 연구위원회 회의록」(2014. 3. 22), 3.

흘려 운동하며 우정과 친목을 쌓았다. 지금도 그날에 대한 기억이 모두에게 진하게 남아 있다.[254]

〈MT〉는 서울만이 아니라, 지방 캠퍼스에서도 교수와 학생들의 적극적인 참여 속에 중요한 행사로 자리 잡았다. 이미 살펴보았듯이, 지방캠퍼스가 시작된 이후, 느헤미야의 사역 범위가 전국으로 빠르게 확장되었다. 학생들도 원근 각처에서 달려와 늦은 시간까지 열심히 강의에 참석했다. 하지만 아쉬운 점도 있었다. 무엇보다, 저녁에 수업이 진행되고 교수와 학생들이 멀리서 모이다보니, 수업이 끝나자마자 귀가를 서둘러야 했다. 당연히, 학생들 간의 교제나 교수와의 대화 시간이 부족할 수밖에 없었다. 그래서 2017년부터 대전캠퍼스를 시작으로 지방캠퍼스의 종강에 맞추어 1박2일의 MT를 갖기 시작했다. 예를 들어, 2017년 12월 8-9일에 진행된 대전캠퍼스 종강 MT에는 서울에서 내려간 김근주, 배덕만, 고상환 외에 대전지역 목회자와 수강생 등 총 35명이 참석했다.[255] 학생들과 교수들이 하룻밤을 함께 하며 식사와 교제, 조별 모임, 교수와의 대화 시간을 갖고, 다음날 함께 예배를 드리며 마무리했다. 2018년에는 부산캠퍼스가 개원했다. 매학기가 끝났을 때, 보강과 MT를 겸한 시간을 1박 2일로 가졌다. 봄학기6/15-16에는 김동춘 교수가, 가을학기10/19-20에는 배덕만 교수가 부산으로 내려가서 수강생들과 하룻밤을 함께 지내며 강의와 대화, 친교의 시간을 진행했다.[256] 이 행사들을 위해, 각 캠퍼스 담당자들과 지역 목회자들, 수강생들이 수고해주었다.

2018년 4월 25일에는 수요채플을 대신하여 양화진과 절두산으로 〈소풍〉을 떠났다. 이날 행사는 신학연구과정의 한국교회사 수업과 채플을 연계하여,

---

254) 「2015년 1차 연구위원회 회의록」(2015. 1. 31), 2.
255) 「2018년 1차 정기이사회 자료집」, 6.
256) 「2019년 이사회 총회 자료집」, 6.

한국교회의 역사유적지를 답사하는 내용으로 진행되었다. 신학연구과정 학생과 교직원 전체가 참여했다. 천주교의 순교성지인 절두산과 개신교 선교사 다수가 매장되어 있는 양화진 외국인묘지를 함께 둘러보고 저녁식사를 함으로써, 역사공부와 친목을 증진했던 의미 있는 시간이었다.[257] 2019년 5월 15일에는 스승의 날을 기념하여 연구과정 학생들이 신촌 안산에 소풍을 다녀왔다.[258] 모처럼 교수와 학생들이 함께 산길을 걸었다. 마음껏 웃고 대화하며 땀을 흘렸다. 멘토 조별로 사진촬영도 했고, 하산해서 즐거운 저녁식사도 함께 했다. 학기 중에 잠시 책을 내려놓고, 산책하며 신선한 공기를 마실 수 있었던 뜻밖의 행복한 순간이었다.

최초의 입문과정 수강생으로 시작하여 심화과정까지 4년간 함께 공부했던 이들이 심화과정을 마친 후 〈졸업여행〉을 떠났다. 교수 4명과 학생 7명이 김포에 소재한 주님의보배교회에서 2014년 2월 14일부터 15일까지 함께 시간을 보낸 것이다.[259] 지난 4년을 회고하면서, 느헤미야로 맺어진 관계를 계속 이어갈 방법을 모색했다. 2006년 겨울에는 연구과정 1기생들이 제주도로 〈졸업여행〉을 떠났다. 치열했던 지난 3년을 회고하고 다가올 이별을 아쉬워하며, 졸업 후에도 계속 만남을 이어가기 위해 '동문회'를 조직하기로 결의했다. 또한, 2017년에는 느헤미야의 다양한 과정에 속한 학생들과 그들의 가족들로 구성된 총 17명의 이스라엘 현지답사 여행팀이 중동에서 다년간 선교활동을 전개했던 김동문 선교사의 인솔 하에 1월 26일부터 2월 3일까지 이스라엘을 다녀왔다. 이때 연구과정 소속이 장효진 학생이 팀장을 맡아 고생을 많이 했다.[260] 이 여행을 통해

257) 「2019년 이사회 총회 자료집」, 7.
258) 「2020년 이사회 총회 자료집」(2020. 4. 16), 10.
259) 「2015년 정기총회 자료집」(2015. 2. 14), 5.
260) 「2017년 2차 연구위원회 회의록」(2017. 2. 11), 2.

참가자들은 성경의 지리적 배경에 대한 이해를 크게 증진시킬 수 있었을 뿐만 아니라, 팔레스타인의 비극적 현실을 직접 체험하면서 중동 문제를 새로운 시각에서 바라보기 시작했다.

2. 학술제[261]

2018년 10월 28일 오후, 느헤미야에서 기억할만한 소중한 행사가 신학연구과정 학생들에 의해 진행되고 있었다. 〈제1회 느헤미야 신학 연구과정 논문발표회〉가 바로 그것이다. 4기 오수연, 한문순, 조선미, 5기 김은경, 문희은이 준비위원회로 수고했다. 이들은 발표회 한 달 전 지원자들의 논문 초록을 게재하여 학생들의 투표로 상위 5편의 논문을 선정하고 행사 당일에 발표하게 했다. 참석자들의 투표 결과, "디모데전서 2:9-14을 통해 본 '여성적 성경읽기'의 의미와 가능성 고찰"이란 제목의 논문을 발표한 오수연 학생이 1등의 영예를 안았다. 제출된 모든 원고를 자료집으로 묶어 학우들에게 배포하기도 했다. 행사 당일, 졸업생들의 방문으로 반가움과 긴장이 한층 고조되었고, 교수들의 논평도 들을 수 있어서 여러모로 유익한 행사였다.

2019년 11월 1일에 열린 제2회 대회부터 명칭이 〈느헤미야 학술제〉로 변경되었다. 준비위원회도 4, 5, 6기가 모두 참여했으며,[262] 발표도 각 기수에서 한 명씩 맡았다. 학우들의 보다 적극적인 참여를 유도하기 위해, 지난해의 경연 방식 대신 '발표-논평' 방식으로 변경했다. 주제 토크 같은 새로운 형식을 추가했고, 소논문 외에 서평과 주해도 허용했다. 총 14편의 글을 묶어 자료집도 제작

---

261) 이 글은 전수현 전도사가 2020년 8월 15일에 보내준 자료를 정리한 것이다.
262) 4기: 박민규, 오수연, 윤선민, 5기: 김은경, 문희은, 전수현, 6기: 박동은, 이박광문.

했다. 이날 발표된 논문제목과 발표자는 다음과 같다.

발표순서	발표자	논문제목
1	이덕재(7기)	야웨의 명령과 인간의 분별-레위기 10:16-20 모세와 아론의 논쟁 분석
2	전수현(5기)	본회퍼, 그리스도교의 비종교적 해석
3	오수연(4기)	레위기 24:10-23: 혼혈아 죽음 내러티브에 대한 비판적 읽기

2020년 11월 6일에 열린 제3회 학술제는 종전과 많이 달랐다. 코로나-19라는 초유의 사태로 인해, 학술제가 현장과 화상으로 동시에 진행된 것이다. 전체행사 시간도 대폭 축소되었다. 그럼에도 총 23편의 소논문, 주해, 서평 등 다양한 장르의 글들이 제출되었다. 이날 발표회 때는 7기 백병환이 소논문 "전도서, 한계Boundary의 신학"을 먼저 발표했고, 5기 문희은이 더글라스 A. 스위니의 『복음주의 미국역사』에 대한 서평을, 이어서 6기 박동은이 소논문 "헤벨과 정의의 뒤엉킨 구조Intertwined structure 속에 나타난 지혜와 여호와 경외"를 발표하여 뜨거운 박수를 받았다. 이날 행사를 위해 수고한 준비위원들은 이현지, 윤선민, 조선미이상4기, 김은경, 전수현이상5기, 김희영, 박동은, 홍현진이상6기, 이경민, 조은주이상7기였다.

3. 수요 채플과 개강수련회

신학연구과정을 개설한 이후, 느헤미야의 일상에 크고 작은 변화들이 연속적으로 발생했다. 무엇보다, 소수의 학생들이 주 4일간 종일 함께 수업을 들으면서 관계가 긴밀해진 것이다. 동시에, 이 과정 자체가 목회자 양성을 염두에 두었기 때문에, 수업뿐만 아니라 학생들의 영성훈련과 경건생활도 학교 차원에서 관리와 교육이 필요했다.[263] 그래서 신학연구과정 학생들을 대상으로 수요 채플과 개강수련회가 시작되었다.

　　2014년 3월에 신학연구과정이 첫 수업을 시작하면서, 매주 수요일 오후 3:40부터 1시간 동안 채플시간을 가졌다. 이 채플에는 풀타임이나 파트타임과 상관없이 모든 학생이 의무적으로 참석해야 했다. 채플은 학생회가 자율적으로 순서와 진행을 담당했고, 다양한 영역에서 활동하는 목회자, 교수, 활동가 들을 설교자로 초청했다. 당시에 김근주 교수 외에는 전임교수가 없었다는 현실적인 한계도 있었지만, 느헤미야의 특성상 목회자 외에 여러 학자와 활동가 들을 통해 다양하고 생생한 말씀을 들을 수 있었다. 또한, 학생 수가 적어 당연히 채플의 규모도 소박할 수밖에 없었지만, 채플의 열기와 진지함은 숫자와 상관이 없었다. 2014년 3월 5일, 신학연구과정 첫 채플에서 김형원 원장이 설교했고, 3월 12일에는 김근주 교수가 말씀을 전했다. 2014년-2015년 수요채플의 설교자 명단은 다음과 같다.

---

263) 김동춘 교수는 2014년 12월 21-23일 진행된 겨울 퇴수회에서 발표한 "2014학년도 신학연구과정(1기) 운영에 대한 평가와 방향"에서 신학연구과정 학생들에 대한 영성훈련(묵상훈련)의 필요성을 다음과 같이 제기했다. "느헤미야에 입학한 학생들의 신학적 사고, 신앙의식, 경험의 정도는 천차만별이다....교회와 세상 속에서 지도적 역할을 할 학생들에게 보다 체계적인 훈련이 필요하다. 이들이 미래교회의 목회자와 기독교 분야의 지도자로 성장하는데 필요한 기본적인 영성의 기반을 2-3년간의 시간을 두고 훈련하는 체계화된 프로그램이 필요하다."

연도	설교자
2014	박득훈(3/19), 김동춘(3/26), 김구원(4/9), 홍주민(4/16), 구교형(4/23), 이문식 (4/30), 김형국(5/14), 오세택(5/21), 방인성(5/28), 이만열(6/4), 이승장(6/11) 김근주(9/3), 정현구(9/17), 조석민(9/24), 김종일(10/1), 김병년(10/8), 김동춘 (SFC, 10/15), 김요한(11/5), 김종호(11/12), 김근수(11/19), 설은주(11/26), 정 성규(12/3), 김동춘(12/10)[264]
2015	김형원(3/4), 김근주(3/11), 송강호(3/18), 강경민(3/25), 이헌주(4/1), 최철호 (4/8), 박천응(4/15), 이재학(4/29), 이문식(5/6), 정준경(5/13), 지형은(5/20), 최병성(5/27), 박재범(6/3), 김형원(9/2), 김근주(9/9), 김동춘(9/16), 문광주 (9/23), 김근주(10/7), 김관성(10/14), 배덕만(10/21), 심광섭(10/28), 박득훈 (11/11), 조석민(11/18), 오세택(11/25), 박동현(12/2)[265]

하지만 배덕만 교수2016와 김동춘 교수2017가 전임연구위원으로 느헤미 야에 합류하면서, 채플설교를 외부강사에 의존하던 방식에서 벗어나 느헤미야 교수들이 가능한 한 설교를 전담하기로 정책을 변경했다. 2016년부터, 교수들과 졸업예정자들이 채플 설교를 담당하기 시작했다. 또한, 2020년부터는 채플과 멘토모임을 수요일에 번갈아 진행함으로써, 매주 진행되던 채플이 격주로 진행되기 시작했다. 다만, 채플설교는 종전처럼 교수와 졸업예정자 중심으로 진행되고 있다.

한편, 신학연구과정생을 위한 개강수련회도 2017년부터 시작되었다. 2월 27일~28일 팀비전센터에서 열린 첫 번째 개강수련회에 신학연구과정 1기부터 4기 학생 22명과 교수 5명이 참석했다. 이 수련회에선 김동춘·배덕만 교수와 김선의 목사가 특강을 진행했고, 1박 2일 동안 예배와 특강, 식사와 친교, 교제가 이어지며, 모두에게 즐겁고 만족스러운 행사가 되었다. 그래서 이 행사를 마친

---

264) 「2015년 정기총회 자료집」(2015. 2. 14), 8.
265) 「2016년 정기총회 자료집」(2016. 3. 15), 7.

후, 학생회 주관으로 매학기 개강 직전에 교수와 신학연구과정 학생 전체가 참여하는 개강수련회를 진행하기로 결정했다.[266] 이어서 같은 해 8월 25일~26일, 역시 팀비전센터에서 두 번째 개강수련회가 열렸다. 이날도 학생 16명, 교수 4명, 그리고 사무처장이 참석했으며, 기도와 예배, 식사와 친교, 특강을 통해 새 학기를 준비했다.[267] 이후, 개강수련회는 신학연구과정 학생회가 주최하는 가장 중요한 행사가 되었다. 매학기 교수와 학생들이 참석하며 지금까지 예외 없이 진행되고 있다. 다만, 2020년 코로나바이러스-19가 급속히 확산되면서 현장에서 모두가 참여하는 방식으로 진행하기 어렵게 되었다. 그래서 1학기 개강수련회는 취소되고 온라인으로 진행되는 '개강 OT'로 대체되었으며, 2학기 수련회는 zoom으로 간략히 진행되었다.[268]

4. 동문회

느헤미야에 존재하는 여러 과정들 중, 입문·심화과정과 신학연구과정 학생들이 졸업 후 자체 모임을 조직하여 관계를 지속하고, 느헤미야에서 배운 정신과 지식을 지속적으로 발전시키기 위해 노력해 왔다. 지금까지 느헤미야를 거쳐 간 수많은 사람들을 모두 어우르는 진정한 의미의 동문회가 조직되지 못한 것은 큰 아쉬움과 숙제로 남아 있다. 그럼에도, 소규모이지만 여러 모임들이 조직되어 운영되고 있는 것은 매우 다행스러운 일이다. 그 모임들을 간략히 살펴보자.

느헤미야가 개원한 2010년에 입학하여 4년 동안 입문과정과 심화과정을

---

266) 「2017년 4차 연구위원회 회의록」(2017. 3. 16), 2.
267) 「2017년 9차 연구위원회 회의록」(2017. 8. 31), 2.
268) 「2021년 이사회 총회 자료집」(2021. 3. 16), 10.

마친 이들은 흔히 '느헤미야 1기'라고 불린다. 그야말로, 느헤미야의 역사를 시작한 사람들이다. 여러 모로 열악한 상황에서 무려 4년을 함께 공부한 이들은 후에 입학한 수강생들과 여러 모로 달랐다. 무엇보다, 10여명의 소수가 모여 "저녁을 라면과 김밥으로 대신해 가며" 수업했기에, 동기들 및 교수들과의 관계가 어느 기수보다 끈끈하고 밀접했다. 상황이 그러했기에, 졸업 후에도 느헤미야에 기여하고 관계를 계속하고 싶어 〈화롯불〉이란 모임을 만들었다. 2기 약간 명도 참여했다. 모임을 만든 후, 매월 정해진 시간에 느헤미야에 모여, 교수들의 추천도서나 교수들이 새로 집필한 책들을 중심으로 독서토론회를 진행했다. 때로는 저자를 직접 초청하여 '저자와의 대화시간'도 가졌다. 독서모임 외에, 봄·가을에 함께 산행을 했고, 식사와 영화·연극관람도 함께 하며 지금까지 친밀한 관계를 유지해왔다. 뿐만 아니라, 이들은 느헤미야에 대한 애정과 책임감이 특별하여, 든든한 재정적 후원자일 뿐 아니라, 세미나, 수련회, 체육대회, 졸업식 등 느헤미야의 주요 행사에 관심과 후원, 기도를 아끼지 않고 있다.[269]

느헤미야는 2014년 신학연구과정을 시작했고, 청강생 4명을 포함하여 총 23명이 입학했다. 이들은 입문·심화과정을 최초로 마쳤던 이들 못지않게, 느헤미야의 새로운 역사를 개척하며 서로 간에 매우 친밀한 관계를 형성했다. 그리고 졸업을 목전에 둔 2016년 겨울, 제주도로 졸업기념 여행을 떠났다. 이 자리에서 최초로 '동문회'에 대한 논의가 김경모 학생의 주도로 시작되었다. 어느새 가족처럼 가까워진 동기들이 졸업 후에도 소중한 인연의 끈을 놓치고 싶지 않았고, 교수들과도 멘토-멘티의 관계를 지속하고 싶었기 때문이다. 그리고 지난 3년 동안 고민하며 배웠던 하나님나라와 교회에 대한 고민을 졸업 후에도 지속적으로 공유하고 싶었기 때문이다. 2017년 2월 11일, 8명이 최초로 졸업했고, 3월 19일

---

269) 이 글은 1기의 김석주 집사님이 2021년 8월 12일에 보내주신 글을 정리한 것이다.

첫 동문모임을 가졌다. 김근주 교수가 동석하여, 식사 교제를 나누고 삶과 사역에 대해 즐거운 대화를 이어갔다. 이후, 각자의 삶이 바빠지고 일부 동기들이 유학을 떠나면서 모임에 참석하는 이들의 수가 줄었지만, 분기마다 한 번씩 모임을 이어갔다. 그리고 2018년부터 2기와 함께 모임을 가졌으나, 현재는 코로나 등 여러 이유로 모임이 잠시 중단된 상태다.[270]

한편, 2018년 1월, 심화과정을 졸업한 12명의 학생들이 〈느헤미야 친구들〉느헴친을 조직했다. 이미, 1기들을 중심으로 〈화롯불〉 모임이 조직되어 있었지만, 공부한 시간적 차이가 심하여 서로 친밀한 관계를 맺을 기회가 없었다. 그래서 함께 공부했던 사람들을 중심으로, 신학 연구와 인적 교류를 위해 별도의 모임을 만든 것이다. 〈느헴친〉은 '하나님나라의 구현과 한국 기독교의 재구성'이라는 느헤미야의 기치를 일상생활에서 구현하기 위해 적극적으로 행동하며 동역해 왔다. 보다 구체적으로, 하나님나라의 복음을 전인격적으로 체득하기 위해 매월 책모임을 가졌다. 모임이 시작된 2018년 1월부터 2020년 11월까지 21권의 신학서적과 인문학서적을 함께 읽고 발제와 토론의 시간을 가진 것이다. 또한, 〈느헴친〉은 회원 간의 소통과 친목을 매우 중시했다. 끈끈한 회원 간의 친목은 〈느헴친〉의 최고 장점이다. 뿐만 아니라, 기독연구원 느헤미야, 느헤미야 교회협의회와 적극적으로 교류함으로써, 자신의 내적 역량을 강화하고 선후배와 동기간의 소통과 친목에도 중요한 역할을 담당해왔다.[271]

---

270) 이 글은 신학연구과정 1기 회장인 장건세 전도사가 2021년 8월 16일에 보내준 글을 토대로 작성한 것이다.
271) 〈느헴친〉 설립부터 지금까지 핵심 회원으로 활동해온 한명석 집사가 2021년 8월 15일에 보내준 글을 참조하였다.

5. 동아리

신학연구과정에는 〈느헤미야 사회참여＆해석동아리〉사참동가 있다. 규모가 작은 동아리지만, 역사를 살펴보면 결코 무시할 수 없는 모임이다. 2015년 4월 2일, 당시 신학연구과정 2학년 강도영의 제안으로 김민수, 김경모, 강도영, 유희창, 배태욱, 임도훈, 한상은, 장건세, 박현혁, 김대연이 참여하여 이 동아리를 조직했다. "세월호 1주년을 맞아 느헤미야 연구과정 학생들이 사회에 대한 관심을 높이고 다양한 현상들을 구체적으로 분석할 수 있는 역량을 기르며 사회 참여 활동을 훈련하기 위해 제안했다"는 것이 강도영의 증언이다.[272] 동아리 명칭에 '해석'이 들어간 이유는 당시 세월호 상황, 박근혜 정부의 대응, 그리고 기독교를 둘러싼 각종 사회현상을 신학생으로 경험하고 기독교 세계관에 기반 한 공동체적 해석을 끌어내기 위해 붙인 것이다. 초기 리더는 강도영이 맡았고, 배태욱, 김태윤 등으로 이어졌다.

〈사참동〉의 활동은 다양하고 역동적이었다. 먼저, 한 주간에 있었던 일들을 기사형식으로 정리해서 공유하고 토론하는 '시사브리핑＆기도회'를 매주 진행했다. 둘째, 북스터디와 영화 모임도 가졌다. 즉, 『평화의 얼굴』, 『뉴스의 시대』, 『역사의 절망을 넘어서』 등을 함께 읽고 토론했으며, 해방신학의 선구자 로메로 주교에 관한 영화 〈로메로〉와 세월호 관련 다큐멘터리 〈천안함 프로젝트〉 등을 함께 보고 토론했다. 셋째, 강의 시간도 마련했다. 「뉴스앤조이」의 강도현 대표와 박지호 갈등전환센터장을 초대하여 경제와 평화교육에 대한 강의를 들은 것이다. 넷째, 토론시간을 자주 가졌다. 강정마을 해군기지 건설, 세월호 참사, 영화 스크린 독과점 철폐 같은 쟁점들을 놓고 찬반 그룹을 나누어 열띤 토론

---

272) 강도영 목사가 2021년 8월 11일에 보내준 글에서 인용. 아래의 내용도 강도영의 글에 큰 도움을 받았다.

을 진행한 것이다. 다섯째, 연대투쟁에도 적극 참여했다. 무엇보다, 매주 금요일 오후 홍대입구역 앞에서 6개월간 세월호 피켓 시위를 진행했다. 세월호 미수습자와 유족 간담회에 참여했으며, 4.16연대 2주기 신학생연합예배와 백남기 농민집회도 함께 했다. 그 외, 촛불집회와 세월호 기도회 등에도 꾸준히 동참했다.

끝으로, 사참동의 역사에서 가장 주목할 만한 사건을 언급해야 한다. 이미 앞에서도 언급했듯이, 2016년 10월 7일, 박근혜 대통령의 퇴진을 요구한 성명서를 교계 최초로 발표한 것이다. 박근혜 전 대통령의 연설문이 유출되고 대통령이 사과하면서 2016년 10월은 또 다시 정치적 격랑 속에 요동쳤다. 여론은 극단적으로 치달으며 대통령 탄핵과 하야를 요구하는 목소리가 들불처럼 퍼져갔다. 이런 상황에서, 〈사참동〉이 〈박근혜 대통령 퇴장을 요구하는 성명서〉를 발표한 것이다. 이 성명서는『국민일보』에서 "대통령 하야 목소리, 신학생들이 먼저 했다"란 제목으로 2016년 10월 25일에 보도되었는데,[273] 박근혜 대통령을 나봇의 포도원을 빼앗은 북 이스라엘 왕 아합에 빗대면서 다음과 같이 주장했다.

> 우리는 지금껏 배워 온 성경의 가르침에 근거하여 신앙적 양심에 따라 현 정권을 규탄한다...이미 이 정권의 국정 공백과 정치적 혼란은 극에 달했고, 국민의 삶은 각자도생의 상황에 처해있다. 그렇기에 우리 기독연구원 느헤미야 사회참여동아리는 우리 전원의 이름으로 박근혜가 하나님과 국민 앞에 사죄하고 모든 책임을 지고 물러날 것을 엄숙히 요구한다.

---

273) "지난 7일 기독연구원 느헤미야 사회참여동아리 학생들이 발표한 '박근혜 대통령 퇴진을 요구하는 성명서'가 기독교인들 사이에 다시 회자되고 있다."

6. 연대집회

2016년 11월 8일 저녁, 신학생 600여 명이 대한문 앞에 모여 〈신학생총연합시국기도회〉를 개최했다. 이 자리에 감신대, 장신대, 한신대 등 교단 소속 신학교, 연세대, 이화여대 등 종합대학교 신학과, 그리고 기독연구원 느헤미야 신학연구과정 학생들이 함께 모인 것이다. 이렇게 신학생들이 한자리에 모여 시국기도회를 연 것은 매우 "이례적인 일"이었다. 다양한 색깔과 모양의 깃발을 든 신학생들은 "한국사회에 만연한 불의, 불평등을 없애고 하나님의 정의를 이 땅에 세우기 위해" 모였다. 그들은 "신학생들의 용기 있는 행동이 한국교회를 깨우며 이 땅의 정의로운 평화를 위한 마중물이 되게 해달라"고 기도했고, 그런 세상을 위해 "박근혜 대통령은 퇴진해야 한다"고 목소리를 높였다.[274]

2018년 4월 3일, 〈파인텍 투쟁 승리를 위한 기도회〉에 신학연구과정 학생들이 참여했고, 김형원 원장이 설교했다.[275] 이 기도회는 〈파인텍투쟁승리를위한개신교대책위원회〉의 주도하에 2018년 1월 2일부터 시작된 〈화요정기기도회〉였다.[276] 파인텍 투쟁은 부당해고에 저항하며 2014년 5월 27일부터 2019년 1월 11일까지 두 차례에 걸쳐 구미와 서울에서 진행된 굴뚝 농성이었다. 먼저, 구미공단에서 차광호씨가 45m 굴뚝에 올라 2014년 5월 27일부터 408일을 보냈다. 두 번째 농성은 홍기탁·박준호씨가 서울 목동에 위치한 서울에너지공사 열병합발전소의 75m 굴뚝에 오른 2017년 11월 12일부터 극적으로 노사타협이

---

274) 이은혜, "신학생들 '하나님의 정의는 법 너머에 있다!'-한파주의보 속 600명 모여 시국 기도회…경찰에 둘러싸여 성찬," 「뉴스앤조이」 (2016. 11. 9).
275) 「2018년 4차 연구위원회 회의록」 (2018. 4.25), 2.
276) 이 기도회에 대해선, 이은혜, "그들이 굴뚝 농성 노동자들과 함께 기도하는 이유-[인터뷰] 파인텍 투쟁 현장 기도회 여는 이동환 목사 신학생 한은비 씨," 「뉴스앤조이」 (2018. 1. 13)를 참조.

이루어진 2019년 1월 11일까지 426일간 지속되었다.[277] 느헤미야는 서울 목동에서 진행된 고공투쟁 143일째의 기도회에 참여한 것이다.

---

277) 파인텍 투쟁의 기원과 역사에 대한 정보는, 전명훈, "불신 갈등에 잔혹했던 408+426일 굴뚝 농성…마침내 땅으로," 「연합뉴스」(2019. 1. 11)를 참조.

제11장 · 시련

1. 재정

　　재정적 측면에서, 느헤미야는 처음부터 무모했다. 특정 교단이나 교회, 혹은 기업이나 개인의 재정적 후원 하에 설립되지 않았기에, 혹은 확보되거나 약속된 자금도 전무한 상태에서 시작했기에, 처음부터 재정적 토대가 매우 불안정했다. 다행히, 무상으로 강의 공간을 내준 서울영동교회의 배려와 첫해 입문과정 학생들의 수강료, 그리고 전혀 예상치 못했던 후원자 권도균의 기부로, 첫해를 큰 문제없이 보낼 수 있었다.

　　하지만 첫해가 지나면서 입문과정 수강료 한 학기 60만원가 부담스러워, 학생 모집에 장애가 된다는 사실이 명백해졌다. 또한, 후원금이 바닥나면서, 보다 안정된 재정구조를 마련하기 위해 근본적인 조치가 필요했다. 이 문제 앞에서 교수들은 토론과 숙고를 반복한 끝에 중대한 결정을 내렸다. 입문과정의 수강료를 폐지하고 무료로 강의를 듣는 대신, 모두가 후원자로 등록하여 월 1만 원 이상 후원금을 납부하게 했고, 재능기부방식을 도입하여 교수들이 강의료 없이 강의하기로 뜻을 모은 것이다. 그리고 후원자, 후원교회를 발굴하기 위해 적극적으로 노력하기 시작했다.[278] 이 결단과 노력을 주께서 기뻐하셨던 것일까? 2011년에 단

---

278) 재정적 부담을 극복하기 위해, 2012년 한 해 동안 여러 교회들에게 후원 요청을 하고, 교수들이 후원자들을 발굴하도록 힘쓰는 등, 다양한 노력을 경주했다.

11명뿐이었던 정기후원자가 2012년에 169명으로 급증했고, 2020년 현재 1053명으로 증가했다.[279]

입문심화과정에 한정되었던 느헤미야 과정에 신학연구과정이 추가되면서, 재정적 측면에서 느헤미야에 또 한 번 위기가 찾아왔다. 평일 저녁에 진행되는 입문·심화 과정과 달리, 목회학 석사과정 M.Div.에 준하는 신학연구과정의 경우, 최소한 주 3일 오전, 오후에 수업이 진행되기 때문에, 그들이 상주하며 공부할 강의실과 도서실도 추가로 필요했다. 무엇보다, 전임교수와 사무처 직원을 신속히 확보해야 했다. 그들을 위한 연구실과 사무실도 추가로 필요했다. 무엇보다, 김근주 교수가 안정된 미래를 포기하고 느헤미야의 첫 전임교수로 부임하겠다고 결단함에 따라, 느헤미야는 연구위원 후원금을 모금해야 했다.[280] 비록, 충분한 재원이 마련되지 못했지만, 일산은혜교회의 협동목사 청빙과 후원자들의 도움으로 김 교수가 무사히 느헤미야에 부임할 수 있었다. 무엇보다, 일산은혜교회와 강경민 담임목사의 결단과 도움이 없었다면 불가능했던 일이다.

2010년에 시작된 느헤미야는 법적인 차원에서 '임의단체'였다. 초창기에는 이런 신분과 정체성에 별다른 문제가 없었고, 다른 대안도 생각할 처지가 아니었다. 하지만 조직과 재정의 규모가 꾸준히 확장되면서, 보다 안정된 법적 신분과 장치가 필요해졌다. 특히, 느헤미야 교회협의회가 출범하면서 이런 필요성이 더욱 고조되었다. 하지만 사단법인으로 느헤미야의 법적 신분을 전환하기 위해선 최소한 3억 원 이상의 자금이 필요했다. 이 금액은 당시 느헤미야로서는 상상할 수 없는 거액이었다. 현실적인 필요는 자명했으나, 우리의 믿음은 아직 충분하지 못했다. 그렇게 2~3년을 보낸 끝에 마침내 사단법인 설립을 위한 모금을 시작하기로 결정했다. 김형원 원장은 이 시도를 "구멍가게였던 느헤미야가 하

279) 「2021년 이사회 총회록」, 26-7.
280) 「2012년 4차 연구위원회 회의록」 (2012. 4. 15), 5.

나의 기업으로 변하는 틀을 만드는 것"이라고 그 의미를 설명했다. 우려와 기대 속에 2018년 9월부터 모금을 시작했다. 연말까지 진행된 모금운동은 대성공이었다. 목표로 했던 3억 원이 모였고, 다음 해인 2019년 5월 29일에 서울시청에서 사단법인 설립허가를 받을 수 있었다. 또 한 번의 큰 산을 넘은 것이다.

2. 연구위원들

느헤미야가 시작될 때, 타 대학에 적을 둔 교수들과 지역교회에서 목회하던 목사들로 교수진이 구성되었다. 즉, 전임교수 없이 시작했기 때문에, 법적으로 교수들과 느헤미야의 관계는 매우 불안정했다. 따라서 교수 개인의 신상의 변화가 느헤미야에 직접적인 영향을 끼칠 수밖에 없었다. 지금도 느헤미야의 재정적·인적 상태가 불안정하지만, 개원 초기에는 모든 상황이 훨씬 더 불안하고 열악했다.

먼저, 개원과 함께 교수들이 여러 이유로 느헤미야와의 관계를 재조정하거나 활동을 중단해야 하는 상황이 발생했다. 즉, 초대 원장으로 취임했던 박득훈 목사가 교회 문제로 원장직을 사임하고 강사로 신분을 전환하는 사태가 발생한 것이다. 사역하던 교회에서 사임하고 새로 목회를 시작하는 과정에서, 박 목사 개인도 힘겨운 시간을 보내야 했지만, 느헤미야로서도 소중한 리더를 잃었다. 그야말로 "마른하늘에 날벼락"이었다. 물론, 이후에도 담당한 과목을 정성을 다해 강의하며 지금까지 동반자 관계를 끈끈하게 이어오고 있지만, 원장직과 연구위원 모임에서 박득훈 교수가 이탈한 것은 느헤미야로서는 만회할 수 없는 큰 손실이었다.

박득훈 교수가 일신상의 이유로 원장직을 사임하는 상황에서, 김형원 교수마저 위암 수술을 받아야 했다. 느헤미야 교수들 중 누구보다 건강하고 운동 실력이 뛰어난 분인데, 위의 상당부분을 절개하는 큰 수술을 받은 것이다. 다행히, 수술이 성공적으로 진행되고 건강도 빠르게 회복되어, 지금까지 제2대 원장으로 탁월하게 느헤미야를 이끌고 있다. 하지만 당시에 그의 건강문제는 느헤미야의 미래를 불투명하게 만든 또 하나의 심각한 먹구름이었다. 그 이후로도 여러 이유로 수술을 받음으로써 느헤미야 식구들의 가슴을 졸이게 만들었다. 부디, 끝까지 건강하시길 빈다.

느헤미야의 토대를 마련하는 과정에서 학술부원장으로서 크게 기여했던 전성민 교수가 2013년 6월 말에 사임했다. 그는 구약학자로서 뛰어난 지식과 강의 능력, 그리고 번뜩이는 아이디어와 놀라운 정보력을 소유한 인물이었다. 뿐만 아니라, 컴퓨터와 영어에도 능통하여, 느헤미야에서 여러 역할을 훌륭하게 감당했다. 그런데 재직했던 웨스트민스터신학대학원대학교에서 사임하고 캐나다의 벤쿠버기독교세계관대학원 VIEW으로 이직하면서, 불가피하게 느헤미야의 사역도 내려놓아야 했다. 그의 사임은 느헤미야에겐 대체 불가능한 손실이었음에 틀림없었다. 그와의 이별이 아쉬워서, 6월 22일 교수들이 인왕산을 함께 등반하며 석별의 정을 나누기도 했다.

한편, 김근주 교수가 2017년 이후 지속적으로 보수주의자들의 공격을 받으며 어려움을 겪었다. 평소에 자신의 학문적 소신과 신앙적 양심에 근거하여 다양한 영역의 사회적 약자들과 긴밀히 연대하고, 특히 성적 소수자들에 대한 기존 학계의 편향된 입장을 학문적으로 반박해 왔는데, 이에 대한 교단, 교회, 개인의 공격이 동시다발적으로 전개된 것이다. 2017년 9월에는 성결대학교 신학대학원 원우회가 그를 초대하여 '구약 하나님나라 희년'을 주제로 강의할 계획이었으나, 동문들의 압력으로 준비한 행사가 취소되었다.[281] 심지어, 2019년에는 예장 합동총회가 교단산하 노회와 교회에서 그의 강의를 금지하라는 헌의를 통과시켰다. 김 교수가 "동성애 동성혼을 조장하고 비성경적 신학 강의를 하고 있다"는 이유에서 말이다.[282] 한국교회 일각에서 맹위를 떨치는 종교재판과 마녀사냥의 광풍이 느헤미야에까지 불어 닥친 것이다. 진지한 경청과 대화 대신, 맹목적 비난과 매도만 반복하니, 통탄할 일이다.

끝으로, 느헤미야 학술부원장이자 조직신학 교수인 김동춘 교수가 심장 이상으로 2017년과 2018년 긴급 시술을 받았다. 고향 진도의 선산에서 벌초 중에 심장에 이상증상이 발생하여 헬리콥터로 긴급 후송되어, 목포에서 스탠스 삽입 시술을 받은 것이다. 조금만 후송과 시술이 지체되었어도 치명적인 결과가 초래될 수 있었다고 들었다. 다행히, 모든 조치가 원활하게 이뤄지고, 이후에 김 교수 개인이 건강 회복과 유지를 위해 최선을 다함으로써, 현재는 건강이나 강의와 연구에 별 문제가 없다. 하지만, 후에 진도와 목포에서 있었던 일들을 상세히 전해들은 후, 모든 느헤미야 가족들이 가슴을 쓸어내려야 했다.

3. 예장 합동 총회

2018년 9월 11일, 대한예수교장로회 합동총회장 이승희 제103회 총회 둘째 날, 신학부는 느헤미야와 함께, 교회개혁실천연대, 성서한국, 좋은교사운동, 청

---

281) 최유리, "강사가 성소수자 인권 지지했다고 신대원 특강 취소-성결대 신대원, 김근주 교수 초빙 취소…'동문들이 문제 제기'," 「뉴스앤조이」(2017. 9. 18).
282) 최승현, "[합동17] 김근주 교수 교단 소속 교회서 특강 금지…퀴어신학 이단성은 신학부 조사-반동성애 헌의안들, 이견 없이 통과 '총회의 어떤 안건보다 중요한 일'," 「뉴스앤조이」(2019. 9. 26).

어람ARMC, 《복음과 상황》을 연구해 달라는 청원을 올렸다. 즉, 신학부 서기 유웅상 목사가 "한국교회 일각에서 현재 활동하는 기독교 단체들의 설립 목적과 성격, 그리고 목회자와 성도들과 신학도들을 포함한 젊은이들에게 어떤 영향을 미치고 있는지에 대한 성경적·신학적·사회적·사상적·교회적 뿌리와 흐름, 그리고 영향력을 연구 검토하게 해 달라"고 요청한 것이다.[283] 이 청원을 당시 총회장 이승희 목사가 이단연구로 이해하고, "이단 연구하겠다는 청원"이라고 총회 대의원들에게 말했고, 그들도 그렇게 하라고 허락했다.[284] 한국교회의 개혁과 정화를 위해 헌신해온 단체들이 그 개혁의 대상에 의해 순식간에 이단으로 몰린 것이다. 그야말로, "적반하장"이다.

그렇다면 예장합동 총회의 신학부는 왜 이런 청원을 올렸을까? 합동은 무슨 근거와 이유로 이 단체들을 경계하게 되었을까? 우리는 그 내용을 당시 신학부 부장이던 오정호 목사새로남교회의 말을 통해 직접 확인할 수 있다.

> 한국교회가 어려울 때, 소위 기독교 엘리트들이 본인들 기준에 하나라도 떨어지면 실족하게 만든다. 목회자들의 장점도 있고, 대형교회 세습 같은 아픔도 감싸 주면서 다뤄야 할 텐데, '없어져야 한다,' '그건 교회가 아니다'와 같은 극단론을 편다.… 인기 있는 강사들의 발언도 들어봤다. '교회가 폭망해야 한다'고 하더라. 교회를 살리려는 생각을 해야지 망하면 되겠느냐?…해당 단체들이 기독교 엘리트들을 규합해 교회에 반감을 갖게 하고 목회자를 향

---

283) 최승현, "[합동4] 신학부 '성서한국·느헤미야·청어람·개혁연대 참여하려면 목사와 당회 지도 받아야'(전문)-'동성애·낙태·페미니즘·이신칭의 등 교단 입장과 달라'…좋은교사운동 <복음과상황>은 참여 권장," 「뉴스앤조이」 (2019. 9. 23).
284) 최승현, "'복음주의 단체 조사는 예장합동 위기감 표출된 것'-[좌담] 조사 대상된 단체들 '명확한 이유 논의 없이 결의, 책임 묻겠다'." 「뉴스앤조이」 (2018. 9. 19).

한 불신을 키우고 있다는 의견이 많아 연구를 청원했다.[285]

지난 수년간 한국교회의 왜곡된 신학과 병든 목회, 본질을 벗어난 설교 문화를 성경과 종교개혁 정신에 근거해서 개혁하고 다시 살리기 위해 기득권을 내려놓고 험지에서 분투해온 모든 노력이 단지 "교회에 반감을 갖게 하고 목회자를 향한 불신을 키우"는 "극단론"으로 정죄되니 참담하다. 그동안 우리는 "소귀에 경"을 읽었던 것일까? "대형교회 세습 같은 아픔도 감싸 주면서 다뤄야" 한다는 발언 앞에선 정말 듣는 귀를 의심하고 말문이 막힌다. 이런 수준의 인식과 발언은 교회개혁의 정당성만 더욱 분명히 확인해줄 뿐이다.

언론도 이 문제를 주목했다. 9월 13일. 「국민일보」는 합동 총회의 결정이 파장을 몰고 올 것이라고 예상했다. "관련단체들을 비롯해 일반 신자들의 반발도 있어 논란이 예상된다."[286] 이런 예상은 빗나가지 않았다. 합동 총회의 결정 소식이 알려지자, 언급된 6개 단체 대표들이 즉각 회동하여 '대책위원회'를 구성하고, 9월 20일 합동 총회장과 신학부 앞으로 공개질의서를 보냈다. 그 일부를 옮겨본다.

1. 어떤 기준으로 6개 단체를 연구 대상으로 선정한 것인지 전혀 이해가 되지 않는 바, 교단 내 특정인의 자의적 판단이 아니라면 교계의 어떤 단체를 포함하고 어떤 단체를 누락한 기준이 무엇인지 해명하기 바랍니다.

4. 6개 단체를 향해 이유를 알 수 없는 의혹을 제기하여 불명예를 초래하고,

---

285) 최승현, "[합동11] 신학부, 복음주의 운동 단체 '사상' 연구-개혁연대·느헤미야·청어람·복음과상황·성서한국·좋은교사운동 등," 「뉴스앤조이」 (2018. 9. 11).

286) 백상현 최기영 김동우 황인호. "예장통합, 명성교회 관련 재판국원 전원 교체-교단 총회 주요 안건," 「국민일보」 (2018. 9. 13).

사역과 협력에 불이익을 유발하는 악의적 행위를 하고서 누구도 책임지지 않고 공적인 해명을 회피하는 등 사안을 불분명하게 처리하지 않기를 요구합니다. 예장합동은 총회에서 이 사안을 설명이나 토론도 없이 35초만에 통과시켰는데, 이제라도 제대로 검토하여 연구안건 자체가 잘못이고 졸속 결의였다면 즉각 취소하고 공개적인 사과를 요구합니다.[287]

합동총회는 이런 요구에도 아랑곳 하지 않고, 각 단체에 한 명씩 연구자를 선정하여 1년간 연구하여 보고하게 했다. 그 결과, 6명의 연구자가 선정되었다.

청어람-이정훈 교수울산대
느헤미야-이영식 교수총신대
성서한국-김성수 교수전북신학교
교회개혁실천연대-임종구 교수대신대
좋은교사운동-신종철 교수아신대
복음과상황-이국진 목사예수비전교회[288]

이들은 1년간 연구하여 보고서를 작성했고, 총회 전 자체 보고회를 가졌다. 연구자들은 대체로 자신이 연구한 단체들에 대해 비교적 장단점을 균형있게 제시하려고 노력했다는 평가를 받았다. 하지만 청어람에 대한 이정훈 교수의 보고서만 "청어람이 좌파 정치 투쟁 단체라는 비난 일색이었다." 그래서 총회 신

---

287) 장명성, "'복음주의 단체 사상 조사, 선정 기준 사유 밝혀라'-복음주의권6개단체대책위, 예장 합동에 공개 질의서 발송," 「뉴스앤조이」 (2018. 9. 21).
288) 최승현, "예장합동 복음주의 단체 조사에 이정훈 교수 참여-청어람ARMC 조사 담당…자격, 이념 편향, 공정성 의문," 「뉴스앤조이」 (2019. 3. 19).

학부도 그의 보고서가 과도하게 편향되었다고 판단하여, 신종철 목사에게 청어람에 대한 또 하나의 보고서를 작성하게 했다.[289] 마침내, 2019년 9월 25일 총회 셋째 날 신학부는 연구자들의 보고서를 제출했고, 총대들은 그대로 승인했다. 이날 보고내용 및 결정사항을 「뉴스앤조이」는 다음과 같이 정리해서 보도했다.

> 복음주의 운동단체 6개에 대해서는 성서한국 기독연구원 느헤미야느헤미야 청어람ARMC청어람 교회개혁실천연대개혁연대 단체에 참여 및 활동하기 위해서는 소속 교회와 당회의 지도를 받아야 할 것을 강조했다. 반면에 〈좋은교사운동〉과 〈복음과상황〉은 참여를 권장한다는 결론을 냈다.[290]

특히, 느헤미야를 담당한 이영식 교수는 전체적으로 "하나님나라 구현과 한국 기독교 재구성이라는 비전 아래, 저술이나 활동들이 한국 기독교의 현실을 직시하며 나름대로 변화를 모색하려고 했다. 또 평신도 훈련과 오늘날 다양한 사회 국면에 대해 기독교적 대답을 모색하려 했다는 점은 긍정적"이라고 평가했다.[291] 하지만 김근주 교수와 배덕만 교수의 수많은 저서들 중에서 단지 몇 권만 선별적으로 검토한 후, 자신이 속한 개혁주의의 관점에서 다음과 같이 결론을 내렸다. 사안의 중대성에 비해, 성의와 학문성이 부족한 보고서였다.

△오늘날의 기존 교회를 지나치게 비판하고 있다. △한국교회 성도들을 비

---

289) 최승현, "[합동4] 신학부 '성서한국·느헤미야·청어람·개혁연대 참여하려면 목사와 당회 지도받아야'(전문)-'동성애·낙태·페미니즘·이신칭의 등 교단 입장과 달라'… 좋은교사운동, <복음과상황>은 참여 권장" 「뉴스앤조이」(2019.9.23).
290) "[합동4] 신학부 '성서한국·느헤미야·청어람·개혁연대 참여하려면 목사와 당회 지도받아야(전문)."
291) "[합동4] 신학부 '성서한국·느헤미야·청어람·개혁연대 참여하려면 목사와 당회 지도받아야(전문)."

판함과 동시에 이신칭의 개념을 폄하하고 있다. 개혁주의 칭의 개념과 다르다 △김근주 교수의 『복음의 공공성』 비아토르이 제시하는 웨스트민스터신앙고백서에 대한 비판적 태도, 소돔 멸망 원인이 동성애가 아니라는 관점은 우리 신학과 다르다. △『한국교회 개혁의 길을 묻다』 새물결플러스에서 김근주 교수는 십일조 등 헌금 문제를 '미신적 우상숭배', '헌금 착취 종교'라고 비판한다. △배덕만 교수의 『한국 개신교 근본주의』 대장간는 국내 개신교를 근본주의라고 비판한다는 이유로, 목회자와 당회의 지도가 필요하다.[292]

이처럼, 예장합동 총회가 느헤미야를 포함한 6개 단체를 조사하기로 결정함으로써, 느헤미야는 한 해 동안 몸살을 앓았다. 비록, 한편의 희극으로 막을 내렸지만, 느헤미야를 향한 보수교단의 속내를 확인하고, 한국교회를 향한 느헤미야의 사명을 재확인하는 기회가 되었다.

---

292) "[합동4] 신학부 '성서한국·느헤미야·청어람·개혁연대 참여하려면 목사와 당회 지도받아야(전문)."

제12장 · 특징과 과제

1. 특징

(1) 교육대상: "총체적"

느헤미야는 '평신도 신학교육'에 대한 관심에서 출발했고, 이에 충실하기 위해 노력해왔다. 동시에, '한국 기독교회의 재구성'이란 목표를 실현하기 위해, 초기부터 목회자 재교육에도 힘을 쏟았다. 뿐만 아니라, 기존 목회자의 재교육과 함께 목회자 후보생 교육의 필요성도 인지하여 신학연구과정을 개설하고 역량을 집중해서 가르쳤다. 심지어 중고등학생들을 위한 캠프를 통해, 청소년들을 대상으로 하나님나라에 대한 올바른 가르침도 제공하려고 노력했다. 이로써 느헤미야 교육이 입문과정을 통해 평신도 교육으로 시작했지만, 이후 꾸준히 그 대상을 기존 목회자와 목회자 후보생들로 확장함으로써, 대상과 범위를 모든 그리스도인으로 확장해왔다. 이런 느헤미야의 교육은 기존의 신학대학들이 대체로 목회자 혹은 목회자 후보자들에게 교육기회를 한정하고, 다양한 아카데미들이 성인 평신도 교육에 집중했던 것과 분명한 차별성을 지닌다.

(2) 신학내용과 활동: "현실 참여적"

느헤미야는 신학교육 기관이다. 평신도와 목회자, 성인과 청소년을 포함한 이 땅의 모든 그리스도인을 대상으로 다양한 신학교육을 제공하고자 노력했다. 그럼에도, 입문, 심화, 연구, 전문, 주해과정 등 느헤미야의 모든 과정을 관통하는 공통점은 '하나님나라 구현'과 '한국 기독교 재구성'이란 주제를 중심으로 이론과 실천을 균형 있게 추구한 것이다. 즉, 전통교리에 강조점을 두고, 비관적 인간론과 내세적 종말론을 토대로 현실에 대한 관심과 참여가 부족한 대다수의 보수교단 소속 신학교들과 달리, 느헤미야의 모든 과정, 모든 과목은 일관되게 세상 속에서 하나님나라의 구현에 집중하면서 기독교 신앙과 신학의 현실적·실천적 측면을 강조했다. 또한, 강의실에서 진행되는 이론수업과 함께, 느헤미야는 지속적으로 현실의 뜨거운 쟁점들에 대해 다양한 방식과 형식으로 반응했고, 이에 대해 신학적 해석과 답변, 적용을 제시하기 위해 최선을 다했다. 특히, 느헤미야는 강의실뿐 아니라, 강의실 밖의 다양한 현장을 직접 방문하거나, 광장에서 진행되는 여러 집회에 적극적으로 동참하고 연대했다. 이로써, 신학과 신학교육이 이론과 관념, 강단과 연구실에 한정되지 않고, 현실과 일상, 사회와 역사도 함께 아우를 수 있도록 최선을 다했다.

(3) 학생과 교수진: "복음주의적-에큐메니컬"

느헤미야는 복음주의에 신학적 토대를 두고 탄생했다. 그런 신학적 특성은 느헤미야가 성서한국을 모태로 시작했기 때문에 자연스러운 결과였다. 그런 특성은 느헤미야 교수들의 신학적 정체성을 통해서도 구체적으로 드러난다. 교수들 중 다수가 예장 합동, 합신, 고신, 통합과 기성 출신이며, 해당 교단 신학교 총신대, 합신대, 서울신대, 장신대 출신이고, 해외에서도 복음주의권 신학교 풀러, 고든콘웰, 리젠트, 트리니티에서 수학했다. 그리고 대다수 교수들은 스스로 복음주의자로서 분명한 자의식을 유지하면서 강의하고 글을 썼다. 하지만 복음주의란 범주를 고수하지만, 느헤미야는 교단과 신학의 개방성과 연대를 확대하기 위해 꾸준히 노력했다. 교수들 간에도 신학적 강조점과 스펙트럼의 다양성을 존중했으며, 전공의 전문성이 보장되고 느헤미야 정신을 존중한다면 교단과 신학의 차이를 불문하고 강사들을 초빙하여 수업과 특강, 설교를 맡겼다. 즉, 감신대, 한신대, 총신대, 서울신대 출신 강사들이 수업과 특강에 참여했고, 성공회, 동방정교회, 천주교, 루터교 성직자들을 초청해서 강의와 대화의 시간도 가졌다. 또한, 광장에서 보수와 진보, 복음주의와 에큐메니컬의 경계를 넘어, 함께 기도하고 예배하고 구호를 외쳤다. 그런 면에서, 느헤미야는 복음주의적 정체성을 유지하면서 끊임없이 다양한 타자들과 적극적으로 교류·연대하며 초교파적 특성을 함께 발전시켜왔다.

(4) 교육방법: "실험적-도전적"

느헤미야는 기존 신학교육을 부정하며 대체하기보다, 기존 신학교육에서 간과되거나 소외되었던 영역에 주목하며 출발했다. 따라서 강의 대상을 평신도, 신학생, 목회자로 확대하면서 그에 적절한 수업 방식을 새로 개발하고 창의적으로 적용하려 노력했다. 예를 들어, 입문과정이 평신도에게 적절한 수준과 수업 환경을 유지하기 위해 목회자들의 참여를 제한했고, 심화과정의 경우에는 강의 중심의 입문과정과 구별하여 세미나 방식으로 진행했다. 또한 신학연구과정은 밀도 높은 수업진행을 위해 자유롭고 진지한 질문 및 토론 시간을 확보했다. 그리고 목회자들을 위해 성경주해과정도 개설했다. 뿐만 아니라, 느헤미야는 초기부터 현장 수업과 온라인 수업을 병행했으며, 교수들이 대전, 부산, 대구 등을 직접 방문하여 특강과 신학 캠프를 진행했다. 이로써 지역적·거리적 한계를 극복하기 위해 최선을 다했다. 또한, 정규 수업에서 다루기 어려운 주제와 시기적으로 주목해야 할 이슈에 대해, 지속적으로 특강과 세미나를 개최했으며, 현장 수업 외에도, 팟캐스트, 이슈북, 유튜브, 페이스북 등의 매체를 활발히 활용했다. 교수들이 교회와 사회의 긴급한 현안들에 대해 일반 및 기독교 언론에 적극적으로 참여하면서, 신학교육의 방법, 매체, 범주를 끊임없이 실험하고 확장해왔던 것이다.

(5) 활동영역: "전국적-세계적"

느헤미야는 서울 논현동에 소재한 서울영동교회 강의실에서 17명의 학생들과 함께 시작했다. 재정적·공간적 한계로 인해, 한동안 느헤미야의 활동 반경이 수도권으로 한정될 수밖에 없었다. 하지만 이런 한계는 다양한 방식의 미디어와 캠퍼스 확장을 통해 빠르게 극복되었다. 시작은 팟캐스트였다. 팟캐스트가 세상에 소개되면서, 느헤미야는 팟캐스트를 적극적으로 활용하기 시작했고, 지방과 해외에서 청취자들이 빠른 속도로 생겨나기 시작했다. 이후, 대중들 속에서 광범위한 영향을 끼치고 있는 유튜브 방송도 적극 활용하여 국내외에 느헤미야 강의가 널리 전달되고 있다. 또한, 서울 동교동에서 강남, 대전, 부산, 대구로 캠퍼스가 확장되면서 느헤미야의 활동 범위가 전국으로 확대될 수 있었다. 서울 강의가 중계될 뿐 아니라, 교수들이 직접 방문하여 특강과 엠티를 진행함으로써 지방과 서울의 관계가 긴밀히 연결·발전될 수 있었고, 지방 캠퍼스를 거점으로 느헤미야의 인지도와 영향력도 계속 확장될 수 있었다. 끝으로, 느헤미야는 지난 10년 동안 특정한 주제에 대한 이슈북, 학술총서, 느헤미야 컨퍼런스, 그 외 교수들의 단독 연구서 등을 꾸준히 출판하여, 느헤미야의 신학적 고민과 결과물이 지역과 시간의 한계를 벗어나 지속적으로 널리 전달될 수 있었다.

2. 과제

(1) 정체성

신학적 측면에서 느헤미야는 진보적·실천적·사회참여적 복음주의 등으로 규정되어 왔다. 기본적으로, 모든 교수들이 보수교단 출신이며, 신학교육도 대체로 보수적 신학교에서 받았다. 하지만 느헤미야를 근본주의로 범주화할 수는 없다. 교수들 대부분이 보수적 신학교가 아니라, 학문적 자유가 보장된 신학대학원 및 대학교에서 박사학위를 취득했기 때문이다. 성경을 존중하여 성경중심의 신학을 추구하지만, 학계의 최근 동향과 성취에 개방적 태도를 견지하고 학문의 자유를 지지한다. 물론, 교수들 내부에서 주된 관심사나 민감한 쟁점에 대한 입장의 차이가 존재하지만, 사회적 약자에 대한 관심과 교회의 사회적 책임과 참여에 적극적인 태도를 견지해왔다. 하지만 교수 중 누구도 자신을 자유주의자로 정의하지 않으며, 에큐메니컬 진영도 느헤미야를 소중한 파트너로 존중하나, 자신들과 신학적으로 동일시하지 않는다. 그러므로 느헤미야는 신학적 스펙트럼에서 근본주의와 자유주의 사이에 위치한 복음주의에 속하며, 신학적 개방성과 사회참여를 강조하기에 복음주의 내에서도 진보적·개방적·좌파적 성격을 가진다고 말할 수 있다.

하지만 지난 10년 사이에 한국사회와 한국교회가 모두 급격한 변화를 경험했고, 지금도 그 과정에 놓여있다. 느헤미야가 출발할 때 심각했던 쟁점들 중 지금은 더 이상 큰 관심의 대상이 아닌 것도 있다. 낙태와 복제, 사회와 정치에 대한 교회의 무관심 등이 대표적인 예다. 물론, 그때나 지금이나 지속적으로 씨름해야 할 고질적인 문제도 있다. 교회세습, 교회의 극우적 성향 등이 그런 범주에 속할 것이다. 반면, 당시에는 별다른 주목을 받지 못했지만, 이제는 관심과 논쟁의 핵심으로 부상한 문제도 있다. 동성애와 페미니즘, 젠더갈등, 그리고 과학과 신학 문제 등이 여기에 해당할 것이다. 그동안 느헤미야는 시대의 변화와 역사적 과제에 매우 민감하고 신속하게 반응하며 자신의 신학적 정체성을 형성·유지해왔다. 같은 맥락에서, 이 시대에 새롭고 강력하게 제기되는 이슈들에 느헤미야는 과연 어떻게 반응할 수 있을까? 느헤미야가 어떤 주제에 어떤 태도로 접근하고 반응하느냐에 따라, 느헤미야의 신학적 정체성에 중대한 변화가 발생할 것이다. 시대의 변화에 둔감하거나 적절히 반응하지 못할 때, 자신의 의지와 상관없이 자신의 진보성을 상실할 것이다. 하지만 복음주의의 틀을 유지하려 할 때, 새롭고 난해한 쟁점에 얼마나 유연하고 창조적으로 접근할 수 있을지 의문이다. 신학적 전통을 건강하게 유지하면서 시대와 상황의 변화에 적절히 대응·적응해야 하는 어려운 과제가 느헤미야 앞에 놓여 있다.

(2) 교수 충원

2010년 느헤미야가 설립된 후 10년이 지났다. 설립에 참여했던 8명의 교수들 중 박득훈, 전성민 교수가 개인적인 사정으로 초기에 느헤미야를 떠났지만, 이들에 대한 대체 인력 없이 6인 체제로 10년을 보냈다. 그런데 지난 2000년, 조석민 교수가 은퇴했다. 느헤미야 설립 이후 처음 있는 일이었다. 정말, 정신없이 달려왔고, 눈 깜짝할 사이에 10년의 세월이 흘렀다. 그것의 물리적 증거가 10년전 느헤미야교수들 대부분이 40대였으나, 지금은 50대가 된 것이다. 최고참인 김동춘 교수가 이미 60대에 진입했고, 김형원 원장이 60을 목전에 두고 있으며, 막내였던 배덕만 교수도 어느덧 50대 중반에 육박했다. 10년 전 느헤미야는 40대의 젊은 교수들이 모여 신선한 바람을 일으켰지만, 더이상 느헤미야는 젊지도 신선하지도 않다. 세월이 흘렀고 나이도 든 것이다. 부정하고 싶지만, 엄연한 현실이다.

2000년, 구약학자 권지성 박사가 전임연구위원으로 합류했다. 그 결과, 조석민 교수의 은퇴 후에도 6인의 연구위원 체제가 계속 유지될 수 있었다. 하지만 향후 10년 내에 제1세대 교수들이 대부분 은퇴할 것이다. 따라서 앞으로 은퇴하는 교수들의 후임자를 적시에 발굴하여 임용해야 한다. 그동안 충실히 유지해온 느헤미야의 설립 정신과 힘겹게 쌓아온 학문적·실천적 업적을 계승하면서, 동시에 급변하는 시대에 능동적·창조적으로 대응하며 느헤미야의 새로운 미래를 개척해갈 새로운 인재들로 매끄럽게 세대교체를 이루는 일이 중요한 과제로 떠올랐다. 뿐만 아니라, 현재 느헤미야에 부재한 영역의 교수진을 확보해야 한다. 무엇보다, 여성 교수의 충원이 제일 시급한 과제. 느헤미야의 학문적·실천적 진보성에 치명적 아킬레스건은 현재의 교수진이 100% 남성으로만 구성되었다는 사실이다. 또한, 현재의 교수진이 오직 이론신학 전공자들로만 구성되어 있기 때문에, 실천신학 교수들을 충원해야 하는 과제도 남아 있다. 뿐만 아니라, 현재 연구위원들 중 전임은 4명이다. 물론, 10년 동안 0명에서 4명으로 증가했으니, 그야말로 장족의 발전이다. 하지만 최소한 각 전공별로 전임교수를 확보해야만, 확대되는 느헤미야의 수많은 수업, 행사와 일정을 제대로 소화할 수 있을 것이다. 결국, 이 문제는 충분한 재원을 확보하고 적합한 인물을 발굴하는 것과 연결되어 있다. 모두 쉽지 않은 일이다. 그럼에도 반드시 해결해야 하는 과제다.

(3) 교육방식

느헤미야는 현장에서 교수와 학생들이 직접 대면하여 수업을 진행하는 것을 원칙으로 고수해왔다. 성서한국 같은 대규모 대중집회에서 설교자나 특강 강사로 활동하던 학자 겸 목회자들이 모여 느헤미야를 설립했다. 따라서 이런 수업방식은 매우 당연했고, 느헤미야의 고유한 장점이기도 했다. 비록, 해외와 지방에 거주하거나 직업 등 특수한 사정 때문에 현장 수업 참석이 어려운 사람들을 위해 온라인 강의나 영상수업을 별도로 진행했다. 그럼에도, 느헤미야는 현장 수업의 중요성을 인식·강조하면서 이런 수업 방식을 고수해왔다. 그래서 지리적·비용적 측면에선 결코 합리적인 결정이 아니었지만, 느헤미야 교수들은 부산, 대구, 광주, 대전에서 수차례 신학캠프와 특강을 진행했던 것이다.

하지만 코로나바이러스-19의 창궐 이후 교육환경과 방식에 근본적인 변화가 발생했다. 이것은 개인적 취향이나 선택의 문제가 아니다. 감염자들의 폭발적 증가로 인해, 현장 수업이 전면 금지되었다. 그 결과, 비대면 온라인 수업으로 모든 학교의 수업방식이 전환되었다. 학생들이 교실에 들어오지 않은 상태에서 줌이나 유튜브 생중계로 수업을 듣게 된 것이다. 학생과 선생이 화면으로 만나고, 학생들도 화면으로 서로의 얼굴을 대하게 되었다. 이런 변화를 느헤미야도 피해갈 수 없었다. 교수들이 입문과정을 위해 수업 영상을 촬영하고, 빈 강의실에서 카메라를 보고 강의하는 것이 일상이 되었다. 이런 현실에서 느헤미야는 두가지 고민을 안게 되었다. 먼저, 대면수업, 현장수업에 익숙하고 강했던 느헤미야 교수들이 비대면 영상강의에 익숙해져야 한다. 현장수업에서 발휘했던 능력을 영상수업에서도 발휘할 수 있도록 적응하고 변화해야 한다. 정말, 진화 evolution가 필요하다. 둘째, "과연 비대면 수업으로 신학수업, 특히 목회자 양성과 영성훈련이 가능할까?" 하는 것이다. 화면 앞에서 예배와 찬양, 기도가 어느 정도나 깊어질 수 있을까? 교수와 학생의 관계, 학생들 간의 친교와 유대를 얼마나 심화시킬 수 있을까? 그러기 위해, 온라인상에서 교육, 친교, 영성을 증진하는 방식과 환경을 어떻게 마련할 수 있을까? 느헤미야에게 주어진 또 하나의 난제다.

(4) 지역 확장

느헤미야는 서울에서 시작되었다. 설립에 동참한 교수들 대다수가 수도권에 거주하고 있었기 때문이다. 그래서 대전에 거주하던 배덕만 교수도 느헤미야 강의를 위해 일주일에 한번씩 서울로 올라와야 했다. 하지만 지방에서 느헤미야에 대한 요청이 꾸준히 증가하면서 마침내 지역캠퍼스를 대전, 부산, 대구에 개척했다. 광주도 여러 해 동안 캠퍼스 개척을 위해 노력하고 있기에 머지않아 실현될 것이다. 한편, 해외와 타 지역 관심자들을 위해 초기부터 온라인 강의를 시작했다. 2000년 코로나 발생 이후, 서울과 지방의 모든 캠퍼스에서 현장 강의가 어려워지면서 온라인 강의가 현실적으로 훨씬 더 중요하고 필요해졌다. 당장, 코로나 이후 지역 캠퍼스가 급격히 위축되는 현상이 나타났다. 여기까지가 지난 10년 동안 느헤미야가 도달한 지점이다.

이제, 느헤미야의 다음 10년은 포스트코로나 시대와 중첩될 것으로 보인다. 즉, 코로나의 위협은 약화되겠지만 완전히 벗어나기까지 상당한 시간이 소요될 것으로 예상된다. 따라서 현장강의의 비중은 급격히 축소되고, 온라인과 영상 강의의 비중은 현저히 증가할 것이다. 이것은 현장 강의를 중심으로 활동해온 느헤미야에겐 심각한 도전이자 어려운 숙제일 수밖에 없다. 그동안 심혈을 기울였던 지역 캠퍼스들이 코로나로 위축되는 상황도 풀어야 할 어려운 과제다. 하지만 이렇게 모든 영역에서 기존 방식을 고집하기 어렵고 성장 속도도 둔화되며, 확장되던 지방 사역도 위축되는 부정적 상황에서, 온라인 시대의 도래는 인원과 재정의 한계가 자명한 느헤미야에게 오히려 또 다른 기회가 될 수도 있다. 기존의 지방 캠퍼스 외에, 그동안 접근이 어려웠던 강원, 충북, 제주에도 느헤미야 온라인 캠퍼스를 개척할 수 있을 것이기 때문이다. 해외에도 현지 교민들을 위한 과정을 현지 교회와 연계하여 개설할 수 있을 것이고, 선교사들의 연장교육을 위한 특별 과정도 충분히 생각해볼 수 있다. 또한, 언어적인 문제만 해결할 수 있다면, 해외 외국인들과 해외 선교지 신학교들을 돕는 프로그램도 개발할 수 있을 것이다. 이로써, 온라인을 보다 능동적 창조적으로 활용할 경우, 오히려 느헤미야 사역의 지리적 공간적 영역을 무한히 확장할 수도 있을 것이다. 따라서 온라인 강의를 포함한 다양한 방법을 통해, 느헤미야의 활동 영역을 지리적으로 확대하는 것이 다음 10년의 중요한 과제가 될 것이다. 그 결과에 따라, 느헤미야의 미래도 크게 달라질 것이다.

(5) 사단법인 느헤미야/느헤미야 교회협의회

평신도 입문과정으로 시작한 느헤미야의 가장 중요한 결과물 중 하나는 단연 느헤미야 교회협의회의 탄생이다. 과연, 기독연구원 느헤미야의 설립에 관여했던 사람들 중, 교회협의회의 탄생을 예상했던 사람이 있었을까? 하지만 평신도를 위한 입문과정과 심화과정을 진행하면서, 목회자 양성을 위한 신학연구과정의 필요성이 자연스럽게 제기되었다. 하지만 신학연구과정을 개설하는 것은 결코 쉽지 않은 결정이었다. 신학연구과정 졸업생들의 안수 문제와 사역지 문제를 해결해야 하는데, 당시 느헤미야의 형편과 역량으로는 막막한 일일 수밖에 없었기 때문이다. 우여곡절 끝에 느헤미야 교회협의회가 탄생했다. 느헤미야를 지지하는 지역교회 목회자들이 뜻을 모았고, 기꺼이 고난의 길을 함께 가기로 결의했다. 그래서 신학연구과정 졸업생들이 남녀구별 없이 목사안수를 받을 수 있는 길이 마련되었고, 타 신학대학교 졸업자들에게도 안수의 길, 느헤미야와 함께할 문이 열렸다.

짧은 시간 동안, 교회협의회가 여러모로 성장했다. 회원교회의 수가 증가했고, 소속 목회자들 간의 연대와 소속감도 깊고 단단해졌다. 이제, 그 영향이 소속 교회의 교우들에게까지 꾸준히 확장되고 있다. 교회협의회 임원들의 헌신적인 사역이 만들어낸 기적 같은 열매다. 그러면서, 교회협의회와 기독연구원 간의 관계와 책임도 지속적으로 심화되고 있다. 교회협의회는 기독연구원의 든든한 지원자로서 다양한 역할을 감당해주고 있다. 동시에, 기독연구원은 교회협의회의 신학적 방향 설정과 질적 성장을 위해 끝까지 막중한 책임을 져야한다. 이제, 양자의 관계는 교회협의회가 기독연구원의 활동을 지원하는 보조적 역할에서 벗어나, 상호 동등한 지위에서 서로의 발전을 위해 협력하며 한국교회를 위해 함께 헌신하는 관계로 발전하고 있다. 따라서 기독연구원에게 교회협의회라는 든든한 지원세력이자, 막중한 책임을 서로 져야 할 공동운명체가 생긴 것이다. 따라서 기독연구원이 교회협의회와 상호 신뢰할 수 있는 동반자적 관계를 유지하며, 함께 사단법인 느헤미야를 건강하게 성장시키는 것이 기독연구원에게 주어진 또 하나의 중대한 과제다.

후기

"느헤미야 설립취지가 잘 실현되어 깊이 병들고 타락한 대다수 한국교회가 세상의 소금과 빛으로 거듭나는 데 이바지 할 수 있게 되길 갈망한다. 목사양성 과정이 생기고 느헤미야 교회협의회가 결성되었지만, 그 초점 역시 모든 성도를 교회의 주체로 세우는데 맞춰지길 바란다. 느헤미야가 성장해갈수록 더욱 하나님의 약함과 어리석음을 굳게 붙들어 세상의 강함과 지혜를 압도해 갈 수 있길 간구한다." _ 박득훈

"한국교회와 사회의 미래를 위해서 느헤미야가 대안이 아니라, 기초와 표준이 되는 것을 기대한다. 특히, 그 기대는 단순한 이론보다는 행동 속에 구체적으로 표출되기를 기대하며, 그 연장선에서 느헤미야가 오늘에 이르렀다고 자평하며 학우들을 만나고, 동지들을 만난 것에 큰 보람을 느낀다. 아쉬움은 느헤미야의 방향에서 아직도 진보적인 성향과 행동이 저조한 것과 보수 내지는 중도적 입장에 서 있는 것이 보여 매우 아쉽다." _ 조석민

"자본과 교권, 제도권의 틀에 갇힌 신학이 아니라 신학자의 양심과 신념에 따라 가르치고 글을 쓰며, 신학기관 운영에 있어서 자발성과 주체성을 가지고 일할 수 있다는 것이 보람이다. 감사한 점은 느헤미야 교수들이 신학적인 양심과 교회와 사회를 향한 뜨거운 열망을 가지고 가르치고 실천하려고 노력하는 동료

들과 함께 연대하고 있다는 점이라고 할 수 있다. 하지만 이제는 한국교회가 도덕적으로 부패하고 망가졌다는 망치를 든 신학으로는 한계가 있다. 한국개신교의 변화를 위한 거시적인 구상과 이를 구체화하는데 필요한 단계적인 작업이 필요하다. 이를 위해서는 한국기독교와 사회에 대한 담론을 발언하고 제시할 수 있는 보다 다양한 전문가들 집단이 네트워크적으로 연결, 합류, 보강될 필요가 있다.”_김동춘

“10년이 지난 지금도 ‘한국 기독교의 재구성’이라는 목표가 여전히 허무맹랑하게 들리겠지만, 앞으로 10년이 지난 후에는 기존의 잘못된 기초 위에 세워진 거대한 성벽의 기초가 흔들리고 느헤미야가 제시하고 만들어가는 새로운 기초로 대체되는 모습이 좀 더 가시적으로 드러나기를 기대한다. 그때까지 느헤미야 운동에 동참하는 사람들이 비전을 잃지 않고 겸손하게 하나님나라를 섬기는 사명을 잘 감당하기를 바란다.”_김형원

“하나님을 향한 확실한 신앙을 확인하고, 신앙인이 현실에서 마주하는 물음에 진솔하고 겸허하게 응답하고, 서로의 고민과 의문을 자유롭게 사유하며 소통하고, 이런 열린 확신의 문화를 전파하면서 건강한 교회를 세워가는 역할을 한다는 자부심과 기대가 있다. 또 분명한 입장 표명과 과감한 유보·양보가 균형을 이루는 모습을 기대한다. 개인적으로 느헤미야의 에너지가 예비신학생 대상의 교육에 쏠리는 흐름은 많이 아쉽다. ‘모든 하나님의 백성’들을 염두에 둔 다양한 교육 프로그램 개발을 고민하면 좋을 것 같다.”_권연경

“느헤미야가 기득권세력이 되지 않고, 언제나 성경에 기반해서 두려움 없

이 옳고 바른 소리를 낼 수 있기를, 세월이 지나며 경험과 지식 많은 꼰대가 되어 청년을 향해 '너희가 아직 뭘 몰라서 그래'라는 끔찍한 소리를 일삼는 기관이 되지 않기를, 진보적이며 진취적이되 신실하게 하나님을 신뢰하며 기도하고 찬양하는 학문공동체이길, 느헤미야에 오면 마음껏 진리를 탐구할 수 있고 어떤 이야기를 나누어도 안전하다고 누구나 기대할 수 있는, 여기에서 만큼은 나의 사상이 검증당한다는 두려움을 품지 않아도 되고 생각을 나눌 수 있는 학문공동체이길 바란다."_ 김근주

"느헤미야의 10년이 넘은 시간은 모든 것이 하나님의 은혜이다. 좋은 분들을 만나고 그들과 동역하며 새로운 꿈을 꾸게 되었으며, 재정적인 어려움이나 현실의 한계도 극복해 나가는 시간이었다. 아무것도 없이 시작했고, 교회협의회와 사단법인을 만들고 오늘도 많은 이들이 이 교육과정에 들어와 있음에 감사한다. 이젠 지속가능한 느헤미야를 만들기 위해 더욱 노력과 기도가 필요하다. 특히, 앞으로 10년은 교회연합운동이 중요한 사역 목표가 될 것이다."_고상환

"하나님의 온백성을 위한 신학교육이라는 취지를 계속 잘 살릴 수 있으면 좋겠다. 한국기독교의 재구성이라는 비전을 이루는데 느헤미야가 어느 정도 제도권 기관이 될 필요가 있지 않을까 생각해 본다. 텍스트와 콘텍스트를 정교하게 결합시키는 자유롭고 유쾌한 학문과 실천공동체가 되면 좋겠다. 신학연구과정이 좀 더 번창할 수 있으면 좋겠다."_전성민

"느헤미야에 거는 기대는 지속적인 한국교회에 대한 감시자이자 비판자로서 서 있어 주었으면 하는 것이다. 그리고 교회와 신학교를 이어주는 가교역할

을 다음 10년 동안에도 변함없이 해주기를 바라는 마음이 간절하다. 젊은 학자들과 연구자들이 자유롭게 연구하고 토론하는 그런 공간이면 좋겠다. 학문의 세계와 교회의 현실이 마주하는 곳이 느헤미야이면 좋겠다."_**권지성**

부록

1. 연구위원회 일정

연도	횟수	일정
2010	4	5/22, 6/19, 7/26, 11/5
2011	9	1/6, 4/15, 5/21, 6/11, 7/15, 8/11, 9/16, 10/16, 11/13, 12/28
2012	11	1/19, 2/18, 3/6, 4/15, 5/27, 6/24, 7/15, 8/19, 9/14, 10/21, 12/16
2013	10	1/6, 2/3, 3/22, 4/19, 5/31, 6/23, 8/4, 9/15, 10/11-2, 10/27
2014	9	2/21, 3/22, 5/11, 6/22, 7/30, 8/23, 9/26, 10/28, 12/21
2015	11	1/31, 3/27, 5/1, 6/2, 7/5, 7-27, 8/20, 9/14, 10/20, 11/24, 12/18
2016	10	2/3, 3/12, 4/22, 5/10, 6/19, 7/24, 8/20, 9/18, 10/23, 12/16
2017	13	1/15, 2/11, 2/26, 3/16, 4/27, 5/25, 6/24, 7/25, 8/31, 10/7, 10/30, 11/30, 12/30
2018	12	1/23, 2/23, 4/1, 4/25. 5/22, 6/13, 7/17, 8/22, 9/19, 10/17, 11/28, 12/21
2019	12	1/28, 3/24, 4/19, 5/19, 5/23, 7/25, 8/11, 9/5, 9/26, 10/22, 12/1, 12/22
2020	12	1/21, 2/20, 3/5, 4/2, 5/24, 6/22, 7/16, 8/20, 9/17, 10/13, 11/19, 12/20

2. 교수 퇴수회 일정

순서	일정	장소	참석자
1	2010. 5. 22	장흥 장자원 가든	김형원, 김동춘, 조석민, 김근주, 배덕만, 전성민(+가족 3), 권연경, 고상환(+가족 1), 오수경, 김소영(+가족1)

2	2010. 7. 26	가나안복민교육원	김형원, 조석민, 김근주, 배덕만, 전성민, 고상환, 남오성
3	2021. 1. 6-7	양지 파인리조트	김형원, 조석민, 김근주, 배덕만, 전성민, 권연경, 고상환, 구교형
4	2011. 7. 14-16	경북 예천 학가산 자연휴양림	김형원, 김동춘, 조석민, 김근주, 배덕만, 전성민, 권연경, 고상환, 김형욱
5	2011. 12. 28-29	대천 한화콘도	8명
6	2012. 6. 24-25	설악산 대명콘도	김형원, 전성민. 김근주, 김동춘. 배덕만. 고상환, 이상형, 김형욱
7	2013. 1. 6-7	대부도 팬션타운	김형원, 조석민, 김근주, 배덕만, 전성민, 권연경, 고상환, 이상형, 김형욱
8	2013. 6. 23-25	김포 주님의보배교회	김형원, 김동춘, 조석민, 김근주, 배덕만, 전성민, 권연경, 고상환, 한병선, 남오성, 이상형
9	2013. 12. 22-24	영인산 휴양림	김형원, 김동춘, 조석민, 김근주, 배덕만, 고상환, 한병선, 남오성, 이상형, (박은애)
10	2014. 6. 22-24	남산 유스호스텔	김형원, 김동춘, 조석민, 김근주, 배덕만, 고상환, 남오성
11	2014. 12. 21-23	이천 미란다호텔	김형원, 김동춘, 조석민, 김근주, 배덕만, 고상환, 남오성, 강경민,
12	2015. 7. 5-7	전주한옥마을 해밀	김형원, 김동춘, 조석민, 김근주, 배덕만, 권연경, 고상환, 남오성
13	2015. 12. 18-19	하이서울유스텔(당산동)	김형원, 김동춘, 조석민, 김근주, 배덕만, 고상환
14	2016. 6. 19-21	충북 음성 하.나.의교회 하우스	김형원, 김동춘, 조석민, 김근주, 배덕만, 고상환, 남오성
15	2016. 12. 16-17	하.나.의교회	김형원, 김동춘, 조석민, 김근주, 배덕만, 전성민, 고상환

16	2017. 6. 24	느헤미야	김형원, 김동춘, 조석민, 김근주, 배덕만, 고상환
17	2017. 12. 30	느헤미야	김형원, 김동춘, 조석민, 김근주, 배덕만, 고상환
18	2018. 6. 13	느헤미야	김형원, 김동춘, 조석민, 김근주, 배덕만, 고상환
19	2018. 12. 12	하이서울유스호스텔	김형원, 김동춘, 조석민, 김근주, 배덕만, 고상환
20	2019. 5. 23-24	강화도(배 교수 처가댁)	김형원, 김동춘, 김근주, 배덕만, 고상환
21	2019. 12. 22-23	양평소노문	김형원, 김동춘, 김근주, 배덕만, 고상환
22	2020. 6. 21-23	전남(목포, 진도, 광주)	김형원, 김동춘, 김근주, 배덕만, 권지성, 고상환
23	2020. 12. 20-21	홀리데인익스프레스 홍대	김형원, 김동춘, 김근주, 배덕만, 고상환, 권지성(화상 참여)

3. 2021년 기독연구원 조직현황

임원12명

　*이사장: 강경민

　*이　사: 강신하 김석주 이명희 이문식 이원근 전남식
　　　　　정현구 김형원 김동춘 고상환

　*감　사: 최윤호[293]

　*원　장: 김형원

　*학술부원장: 김동춘

　*사무처장: 고상환

---

293) 지난 10년 동안 느헤미야의 감사로 수고하셨던 최윤호 회계사께서 2021년 6월 7일 소천하셨
　　다. 깊은 애도와 감사를 전한다.

자문위원9명

*김형국 목사 나들목교회

*백종국 교수 경상대

*오세택 목사 두레교회

*이승장 목사 성서한국공동대표

*이풍인 목사 개포동교회

*정병오 대표 前 좋은교사운동대표

*정종훈 교수 연세대

*지성근 목사 일상생활사역연구소

*최영우 대표 도움과나눔

후원이사4명

*박종운 변호사 법무법인 하민

*전갑수 집사 하.나.의.교회

*조성영 장로 런던한인교회

*최은상 목사 뉴코리아통일운동 이사장

연구위원6명

*권연경 교수 숭실대학교/신약학

*김근주 교수 기독연구원 느헤미야/구약학

*김동춘 교수 기독연구원 느헤미야/조직신학

*김형원 교수 하.나.의.교회/조직신학

*배덕만 교수기독연구원느헤미야/교회사

*권지성 교수기독연구원느헤미야/구약학

초빙연구위원7명

*박득훈 목사기독교윤리

*김응교 교수숙명여대/인문학

*전성민 교수밴쿠버기독세계관대학원/구약학

*우종학 교수서울대/자연과학

*윤영훈 교수성결대학교/기독교문화

*조석민 교수신약학

*이만열 교수숙명여대 명예교수/교회사

사무처7명

*처장: 고상환

*미디어팀장: 배한나

*재정팀장: 강화춘

*교무행정팀장: 박소영

*대전캠퍼스 사무국장: 김제롱

*대구캠퍼스 사무국장: 최성훈

*부산캠퍼스 사무국장: 이기척

4. 개인후원자 현황

연도	정기후원자	일시후원자	특정목적 후원자	합계
2011	11	4	6	21
2012	169	16	5	190
2013	237	17	17	271
2014	309	31	74	414
2015	476	32	40	548
2016	638	30	49	717
2017	749	53	168	970
2018	876	35	78	989
2019	983	7	61	1051
2020	1053	3	12	1068

5. 단체후원자 현황

연도	후원단체	합계
2011	높은뜻하늘교회, 무지개교회, 새맘교회, 주사랑교회, 찾는이광명교회, 함께가는교회	6
2012	높은뜻하늘교회, 무지개교회, 새맘교회, 주사랑교회, 찾는이광명교회, 함께가는교회, 푸른뜻교회	7
2013	높은뜻하늘교회, 무지개교회, 새맘교회, 주사랑교회, 찾는이광명교회, 함께가는교회, 개포동교회, 나들목교회, 산울교회, 삼일교회, 서울영동교회, 서정제일교회, 열린가정교회, 한그루교회, (주)소영로지스틱스	15
2014	개포동교회, 나들목교회, 무지개교회, 삼일교회, 새맘교회, 서울영동교회, (주)소영로지스틱스, 열린가정교회, 주사랑교회, 찾는이광명교회, 한그루교회, 함께가는교회, 광교산울교회, 뜨인돌교회, 100주년기념교회, 송인수(가정교회), 예인교회, 일산은혜교회, 주님의보배교회	19
2015	개포동교회, 광교산울교회, 나들목교회, 무지개교회, 100주년기념교회, 삼일교회, 새맘교회, 서울영동교회, 열린가정교회, 예인교회, 일산은혜교회, 주님의보배교회, 주사랑교회, (주)소영로지스틱스, 찾는이광명교회, 한그루교회, 그루터기교회, 산아래교회, 산울교회, 신바람홈케어, 어.울림교회, ENM선교회서울A, 진명해피케어	23

2016	개포동교회, 광교산울교회, 그루터기교회, 나들목교회, 100주년기념교회, 산아래교회, 산울교회, 삼일교회, 새맘교회, 서울영동교회, 신바람홈케어, 어.울림교회, 열린가정교회, 예인교회, ENM선교회서울A, 일산은혜교회, 주님의보배교회, 주사랑교회, 진명해피케어, 찾는이광명교회, 한그루교회, 반포새숨교회, 백향나무교회, 사귐의교회, 하.나.의.교회, 하나꿈한빛누리, 하나님나라큐티	27
2017	개포동교회, 광교산울교회, 그루터기교회, 나들목교회, 100주년기념교회, 백향나무교회, 사귐의교회, 산아래교회, 산울교회, 새맘교회, 서울영동교회, 신바람홈케어, 어.울림교회, 열린가정교회, 예인교회, ENM선교회, 일산은혜교회, 주사랑교회, 진명해피케어, 하.나.의.교회, 하나꿈한빛누리, 하나님나라큐티, 한그루교회, 동인선교회, 스튜디오 보통, 주날개그늘교회, 친구교회	27
2018	개포동교회, 광교산울교회, 그루터기교회, 나들목교회, 동인선교회, 100주년기념교회, 백향나무교회, 사귐의교회, 산아래교회, 산울교회, 새맘교회, 서울영동교회, 스튜디오 보통, 신바람홈케어, 어.울림교회, 열린가정교회, 예인교회, 일산은혜교회, 주날개그늘교회, 주사랑교회, 진명해피케어, 하.나.의.교회, 하나님나라큐티, 한그루교회, 가까운교회, 더불어숲평화교회, 맑은서울가정의원, 사랑누리교회, 서머나목장교회, 시드니크로스웨이, 이앤시바이오, (주)자키트레이, (주)카페프레이즈, 한사람교회, 함께하는교회, VIEW	36
2019	가까운교회, 개포동교회, 광교산울교회, 그루터기교회, 더불어숲평화교회, 맑은서울가정의원, 100주년기념교회, 백향나무교회, 사귐의교회, 산아래교회, 산울교회, 새맘교회, 서머나목장교회, 서울영동교회, 시드니크로스웨이, 신바람홈케어, 어.울림교회, 열린가정교회, 예인교회, 일산은혜교회,(주)자키트레이더스, 주날개그늘교회, 주사랑교회, 진명해피케어, (주)카페프레이즈, 하.나.의.교회, 하나님나라큐티, 한그루교회, 한사람교회, 함께하는교회, 꿈이있는교회, 나드림교회, 다함교회, 서로교회, 시드니새길교회, 영동교회, (주)비아토르, (주)비전가, 춘천영광교회, 하나의씨앗교회	40
2020	가까운교회, 개포동교회, 걷는교회, 광교산울교회, 그루터기교회, 나눔교회, 나드림교회, 느헤미야교회협의회, 더불어숲평화교회, 리로라, 백향나무교회, 법무법인상록, 사귐의교회, 산울교회, 새맘교회, 서로교회, 서울영동교회, 심는교회, 어.울림교회, 열린가정교회, 우리들병원, 일산은혜교회, 주날개그늘교회, (주)자키트레이더스, (주)진명해피케어, (주)카페프레이즈, 춘천영광교회, 하.나.의.교회, 하나님나라큐티, 한그루교회, 한사람교회	31

참고자료

1. 단행본

교회세습 반대운동연대 기획 · 배덕만 책임 편집. 『교회세습, 하지 맙시다』. 서울: 홍성사, 2016.

김근주. 『내 이웃을 내 몸과 같이』. 대전: 대장간, 2019.

_____ 외. 『노동하는 그리스도인』. 대전: 대장간, 2018.

배덕만. 『복음주의 리포트』. 대전: 대장간, 2020.

_____. 『세계화 시대의 그리스도교』. 서울: 홍성사, 2020.

류대영. 『한국근대사회와 기독교』. 서울: 푸른역사, 2009.

제임스 데이비슨 헌터. 『기독교는 어떻게 세상을 변화시키는가』. 배덕만 옮김. 서울: 새물결플러스, 2014.

조석민. 『신약성서의 여성』. 대전: 대장간, 2018.

2. 학위논문

김민아. "사회참여적 복음주의운동이 한국시민운동의 형성에 끼친 영향." 서울대학교 대학원 석사학위논문, 2013.

3. 정기간행물

배덕만. "한국의 진보적 복음주의에 대한 역사적 고찰." 「한국교회사학회지」 제

41집 2015년 8월: 205-42.

_____. "한기총의 어제와 오늘, 그리고 내일." 「기독교사상」 통권728호 2019.8: 32-44.

4. 자료집

김동춘. 「복음이 실재가 되게 하라: 복음의 사회적 실재와 교회의 전략」 2019 기독 연구원느헤미야렉처자료집.

5. 인터넷 기사

강도현. "수련회에서 '뜨거운' 찬양 안 해도 돼요?-'청년 함께' 수련회…'청년들, 교회에서 주체성 회복해야.'" 「뉴스앤조이」 2016.7.9.

구권효. "느헤미야 목회자 양성, IPC와 함께-느헤미야 목회학 연구 과정 마치면 국제장로교 목사 후보생 자격 얻도록 협약." 「뉴스앤조이」 2013.11.28.

고상환. "새로운 신학 운동의 좌표 설정-기독연구원 느헤미야, 2012년 신입생 모집 및 신학 캠프 열어." 「뉴스앤조이」 2012.2.6.

고성은. "제1회 기독교활동가대회." 「CTS 기독교 TV」 2009.2.26.

김기훈. "교회 세습은 예수 그리스도의 자리 찬탈하는 것." 『연합뉴스』 2016.6.13.

김세진. "신앙생활에서 생활 신앙으로: 느헤미야 신학 캠프, '일상의 제자도' 꿈 꾸는 이들의 만남." 『뉴스앤조이』 2010.1.24.

김준수. "'세월호 참사, 자유의지 악용한 잘못'-기독연구원 느헤미야, '세월호 참사와 문창극 사태.' 긴급 포럼." 「뉴스파워」 2014.7.25.

당당뉴스. "명성교회 세습반대를 위한 신학자 성명서." 「당당뉴스」 2019.11.4.

박민규. "기독연구원 출판기념회." 『기독신문』 2014.5.27.

백상현 최기영 김동우 황인호. "예장통합, 명성교회 관련 재판국원 전원 교체-
　　교단 총회 주요 안건." 「국민일보」 2018.9.13.

베리타스. "아들 세습에 눈물회개…김창인 목사 '일생일대 최대실수'-긴급성명
　　서 발표…아들에 '모든 직책에서 떠나라'." 「베리타스」 2012.6.13.

설요한. "'세월호 참사를 기억하는 기독인 모임', 참사 추모와 특별법 제정을 위
　　한 촛불기도회 열어." 「개혁정론」 2014.8.11.

송상원. "한국복음주의교회연합 창립." 「기독신문」 2014.4.30.

신상목. "허심탄회 솔직담백… 기독교 팟캐스트 이유 있는 인기." 「국민일보」
　　2014.6.13.

_____. "대통령 하야 목소리, 신학생들이 먼저 했다." 「국민일보」 2016.10.25.

심자득. "스텔라데이지호 침몰 1000일 '기억하겠습니다. 연대하겠습니다'-고
　　난받는이들과 함께 한 성탄절연합예배. 스텔라데이지호 침몰 1000일 맞아
　　가족대책위와 함께 드려." 「당당뉴스」 2019.12.25.

안현식. "탈교회 시대, 교회를 말하다-8월 27일 오후 2시 부산중앙교회…부산
　　교회개혁연대 특강." 「뉴스앤조이」 2016.8.19.

에큐메니안. "'고난 받는 이들과 함께 하는 연합예배' 자리잡아." 「에큐메니안」
　　2010.4.5.

_____. "21개 기독단체 성명 발표, 예멘 난민 환대 촉구-예멘난민에 대한
　　가짜 뉴스 조목조목 반박." 「에큐메니안」 2018.7.15.

이기철. "'느헤미야', 봄학기 수강생 모집: 3월 2일 개강…2월 1일 원서 교부 및
　　접수." 「뉴스앤조이」 2010.02.04.

이병왕. "느헤미야, 문창극 발언 관련 샬롬나비에 공개 질의-긴급포럼 통해 샬
　　롬나비의 '역사관 변조'에 대해서 5개 항목 질의." 「당당뉴스」 2014.7.28.

이승균. "교회개혁을 실천하는 젊은 신학교 웨신대: 복음주의 신학교 중 실천적 역동성 돋보여…40대 박찬호 총장, 균형과 조화의 리더십." 「뉴스앤조이」 2008.3.25.

이용필. "'세습 철회하면 정말 '명성' 있는 교회 될 것'-신학자 김근주 배덕만 1인 시위…신청자도 참여." 「뉴스앤조이」 2017.11.27.

이은혜. "신학생들 '하나님의 정의는 법 너머에 있다!'-한파주의보 속 600명 모여 시국 기도회…경찰에 둘러싸여 성찬." 「뉴스앤조이」 2016.11.9.

_____. "개신교계 인사들, 세습 반대 릴레이 1인 시위." 「뉴스앤조이」 2017.11.20.

_____. "그들이 굴뚝 농성 노동자들과 함께 기도하는 이유-[인터뷰] 파인텍 투쟁 현장 기도회 여는 이동환 목사 신학생 한은비 씨." 「뉴스앤조이」 2018.1.13.

_____. "톨게이트 노동자들의 끝 안 보이는 싸움…'잠깐이라도 와서 우리를 위해 기도해 달라'." 「뉴스앤조이」 2019.10.23.

장성현. "성직 자처하는 목사, 방관하는 교인." [뉴스앤조이] 2014.4.6

장명성. "'복음주의 단체 사상 조사, 선정 기준 사유 밝혀라'-복음주의권6개단체대책위, 예장합동에 공개 질의서 발송." 「뉴스앤조이」 2018.9.21.

_____. "성경 공부 안 하는 교회 없는데, 한국교회는 왜 이럴까-[인터뷰] 기독연구원 느헤미야 김형원 원장." 「뉴스앤조이」 2018.10.27.

전명훈. "불신 갈등에 잔혹했던 408+426일 굴뚝농성…마침내 땅으로." 「연합뉴스」 2019.1.11

정재원. "'제2, 제3의 웨신대 사태 막아야': 웨신대 총학생회 협력 단체, 학교 정상화를 위한 공동 기자회견 열어." 「뉴스앤조이」 2012.2.25.

정종훈. "기조발제: 이제는 생활신앙이다." 『일상과 제자도 자료집』 2010.1.23.

정찬양. "왜곡된 복음 바로잡는 개혁의 방향." 「들소리신문」 2016.5.18.

_____. "갈등 있더라도 공동체 속에서 신앙 키워가라." 「들소리신문」 2017.3.8.

_____. "성경 제대로 공부하니 '건강한 교회' 보이네!" 「들소리신문」 2018.11.7.

정하라. "루터의 '만인사제주의' 회복, 종교개혁의 첫걸음." 「기독교연합신문」 2014.10.31.

조 현. "교회세습반대운동연대 출범." 「한겨레」 2012.11.18.

조혜진. "신뢰 잃은 한국교회에 부는 대안적 바람." 「CBS 노컷뉴스」 2014.11.14.

지유석. "고 백남기 농민 추모 기독인 시국기도회 열린다-20여 개 개신교 사회 단체, 대한문 앞에서 봉헌." 「베리타스」 2016.10.11.

천수연. "목사교회가 돼 버린 한국교회에 울분 느낀다." 「CBS 노컷뉴스」 2017. 11.2.

최경배. "기독연구원 느헤미야 첫 목회자 후보생 배출." 「CBS 노컷뉴스」 2017.2. 13.

최승현. "[합동11] 신학부, 복음주의 운동 단체 '사상' 연구-개혁연대 느헤미야 청어람 복음과상황 성서한국 좋은교사운동 등." 「뉴스앤조이」 2018.9.11.

_____. "'복음주의 단체 조사는 예장합동 위기감 표출된 것'-[좌담] 조사 대상된 단체들 '명확한 이유 논의 없이 결의, 책임 묻겠다'." 「뉴스앤조이」 2018.9. 19.

_____. "'기독연구원 느헤미야' 사단법인 추진, 창립 회원 모집-1인 10만 원씩 3000명, 12월까지 1차 모금." 「뉴스앤조이」 2018.10.4.

_____. "예장합동 복음주의 단체 조사에 이정훈 교수 참여-청어람ARMC 조사 담당…자격, 이념 편향, 공정성 의문." 「뉴스앤조이」 2019.3.19.

_____. "[합동4] 신학부 '성서한국 느헤미야 청어람 개혁연대 참여하려면 목사와 당회 지도받아야' 전문-'동성애 낙태 페미니즘 이신칭의 등 교단 입장과 달라'…좋은교사운동 <복음과상황>은 참여 권장." 「뉴스앤조이」 2019.9. 23.

_____. "[합동17] 김근주 교수 교단 소속 교회서 특강 금지…퀴어신학 이단성은 신학부 조사-반동성애 헌의안들, 이견 없이 통과 '총회의 어떤 안건보다 중요한 일'." 「뉴스앤조이」 2019.9.26.

_____. "'동성애는 죄지만 사람은 사랑한다'는 말은 헛소리…성경은 '대접받고자 하는 대로 대접하라' 한다." 「뉴스앤조이」 2020.1.17.

최유리. "느헤미야 '국정교과서 찬성하면 한국교회사에 오점 된다'-역사 교과서 국정화 반대 성명서 발표, 정부와 국정교과서 찬성 기독교인에게 반성 촉구." 「뉴스앤조이」 2015.10.29.

_____. "강사가 성소수자 인권 지지했다고 신대원 특강 취소-성결대 신대원, 김근주 교수 초빙 취소…'동문들이 문제 제기'." 「뉴스앤조이」 2017.9.18.

KMC뉴스. "한국복음주의교회연합복교연 소개 및 2013년 활동보고." 「KMC뉴스」 2014.4.6.

한경민. "김세윤 교수, '교회가 정의 인권 확대 앞장서야'-느헤미야 복교연 주최 평신도를 위한 강좌서 '소금과 빛' 역할 등한시한 한국교회 비판." 「뉴스앤조이」 2013.12.17.

황규학. "웨신대학교사태, 무엇이 문제인가?: 신학적 가치 vs 법적 정당성." 「통합기독공보」 2012.2.29.

6. 인터넷 사이트

https://cemk.org/about-us/.

https://www.protest2002.org/src/declare.php.

https://hrights.or.kr/notice/?mod=document&uid=806.

http://www.nics.or.kr/notice/post/4031.

https://www.youtube.com/watch?v=RGsCGo6HGuw.

http://www.nhcc.or.kr/statement.

http://www.nics.or.kr〉notice〉post.

7. 정관

「기독연구원 느헤미야 정관」제정2010.2.20.

8. 총회자료집

「느헤미야 창립총회 자료집」2010.2.20.

「2011년 정기총회 자료집」2011.2.26.

「2012년 정기총회 자료집」2012.1.28.

「2013년 정기총회 자료집」2013.2.8.

「2014년 정기총회 자료집」2014.2.8.

「2015년 정기총회 자료집」2015.2.14.

「2016년 정기총회 자료집」2016.3.15.

9. 이사회 자료집

「2016년 이사회 총회 자료집」2016.3.15.

「2017년 이사회 정기총회 자료집」 2017.3.13.

「2018년 1차 정기이사회 자료집」 2018.3.12.

「2019년 이사회 총회 자료집」 2019.4.15.

「2020년 이사회 총회 자료집」 2020.4.16.

「2021년 이사회 총회 자료집」 2021.3.16.

10. 설립준비회의록

「가칭 대안신학연구원 설립을 위한 집담회」 2009.11.13.

「신학연구원 느헤미야 회의록」 2009.12.26.

「기독연구원 느헤미야 설립준비회의 회의록」 2010.2.6.

11. 상임위원회 회의록

「2010년 3월 상임위원회 회의록」 2010.3.20.

「2010년 8월 상임위원회 회의록」 2010.8.22.

「2010년 10월 상임위원회 회의록」 2010.10.6.

12. 운영위원회 회의록

「2010년 1기 운영위원회 회의록」 2010.5.22.

「2011년 2차 운영위원회 회의록」 2011.4.15.

「2011년 4차 운영위원회 회의록」 2011.6.11.

13. 정기연구위원회 회의록

「2011년 7차 연구위원회 회의록」 2011.9.16.

「2011년 10차 연구위원회 회의록」2011.12.11.

「2012년 4차 연구위원회 회의록」2012.4.15.

「2012년 5차 연구위원회 회의록」2012.5.27.

「2012년 6차 연구위원회 및 퇴수회 회의록」2012.6.24-25.

「2012년 8차 연구위원회 회의록」2012.8.19.

「2012년 11차 연구위원회 회의록」2012.10.21.

「2013년 1차 운영위원회 및 퇴수회 회의록」2013.1.6.

「2013년 4차 연구위원회 회의록」2013.4.19.

「2013년 6차 연구위원회 회의록」2013.6.23-25.

「2013년 8차 연구위원회 회의록」2013.9.15.

「2013년 9차 연구위원회 회의록」2013.10.27.

「2013년 10차 연구위원회 회의록」2013.12.22-24.

「2014년 1차 연구위원회 회의록」2014.1.28-29.

「2014년 2차 연구위원회 회의록」2014.3.22

「2014년 3차 연구위원회 회의록」2014.5.11.

「2014년 4차 연구위원회 및 퇴수회 회의록」2014.6.22-24.

「2014년 7차 연구위원회 회의록」2014.9.26.

「2014년 8차 연구위원회 회의록」2014.10.28.

「2014년 9차 연구위원회 회의자료서면보고」.

「2014년 10차 연구위원회 및 퇴수회 회의록」2014.12.21-23.

「2015년 1차 연구위원회 회의록」2015.1.31.

「2015년 3차 연구위원회 회의록」2015.5.1.

「2015년 9차 연구위원회 회의록」2015.10.20.

「2015년 11차 연구위원회 및 퇴수회 회의록」2015.12.18-29.

「2016년 1차 연구위원회 회의록」2016.2.3.

「2016년 2차 연구위원회 회의록」2016.3.12.

「2016년 3차 연구위원회 회의록」2016.4.22.

「2016년 6차 연구위원회 회의록」2016.7.24.

「2016년 9차 연구위원회 회의록」2016.10.23.

「2016년 10차 연구위원회 및 퇴수회 회의록」2016.12.16.

「2017년 2차 연구위원회 회의록」2017.2.11.

「2017년 4차 연구위원회 회의록」2017.3.16.

「2017년 6차 연구위원회 회의록」2017.5.25.

「2017년 7차 연구위원회 및 퇴수회 회의록」2017.6.24.

「2017년 9차 연구위원회 회의록」2017.8.31.

「2017년 12차 연구위원회 회의록」2017.11.30.

「2018년 3차 연구위원회 회의록」2018.4.1.

「2018년 4차 연구위원회 회의록」2018.4.25.

「2018년 9차 연구위원회 회의록」2018.9.26.

「2018년 12월 연구위원회 및 퇴수회 회의록」2018.12.21-22.

「2019년 1차 연구위원회 회의록」2019.1.28.

「2019년 4차 연구위원회 회의록」2019.5.19.

「2019년 5차 연구위원회 및 퇴수회 회의록」2019.5.23.

「2019년 11차 연구위원회 회의록」2019.12.1.

「2020년 2차 연구위원회 회의록」2020.2.20.

「2021년 1차 연구위원회 회의록」2021.2.9.

13. 교회협의회 자료집

「느헤미야 교회협의회 9월 정기모임 자료집」 2020.9.26.
「느헤미야 교회협의회 2021 정기총회 자료집」 2021.3.27.

15. 서면인터뷰

권지성 교수와 서면으로 진행한 인터뷰 2021.8.18.
권연경 교수와 서면으로 진행한 인터뷰 2021.9.16.
고상환 처장과 서면으로 진행한 인터뷰 2021.8.17.
김근주 교수와 서면으로 진행한 인터뷰 2021.8.11.
김동춘 교수와 서면으로 진행한 인터뷰 2021.8.17.
김형원 교수와 서면으로 진행한 인터뷰 2021.8.18.
박득훈 목사와 서면으로 진행한 인터뷰 2021.8.13.
전성민 교수와 서면으로 진행한 인터뷰 2021.8.20.
조석민 교수와 서면으로 진행한 인터뷰 2021.8.14.

16. 자료제공

강도영. "'사참동'에 대한 자료." 2021.8.11.
김석주. "'화롯불' 모임에 대한 자료." 2021.8.12.
장건세. "신학연구과정 동문회에 대한 자료." 2021.8.16.
전수현. "신학연구과정 학술제에 대한 자료." 2021.8.15.
한명석. "'느헴친'에 대한 자료." 2021.8.15.

17. 기타

「느헤미야 2019 그리스 터키 일정표」.

"기독연구원 느헤미야 설립취지문: 느헤미야의 영성으로 한국교회와 사회의 변혁을 꿈꾸며." 2010.2.20.